하얼빈 역에 울려 퍼진 총성

글 **강무홍** | 그림 **김종범**
감수 **이신철**

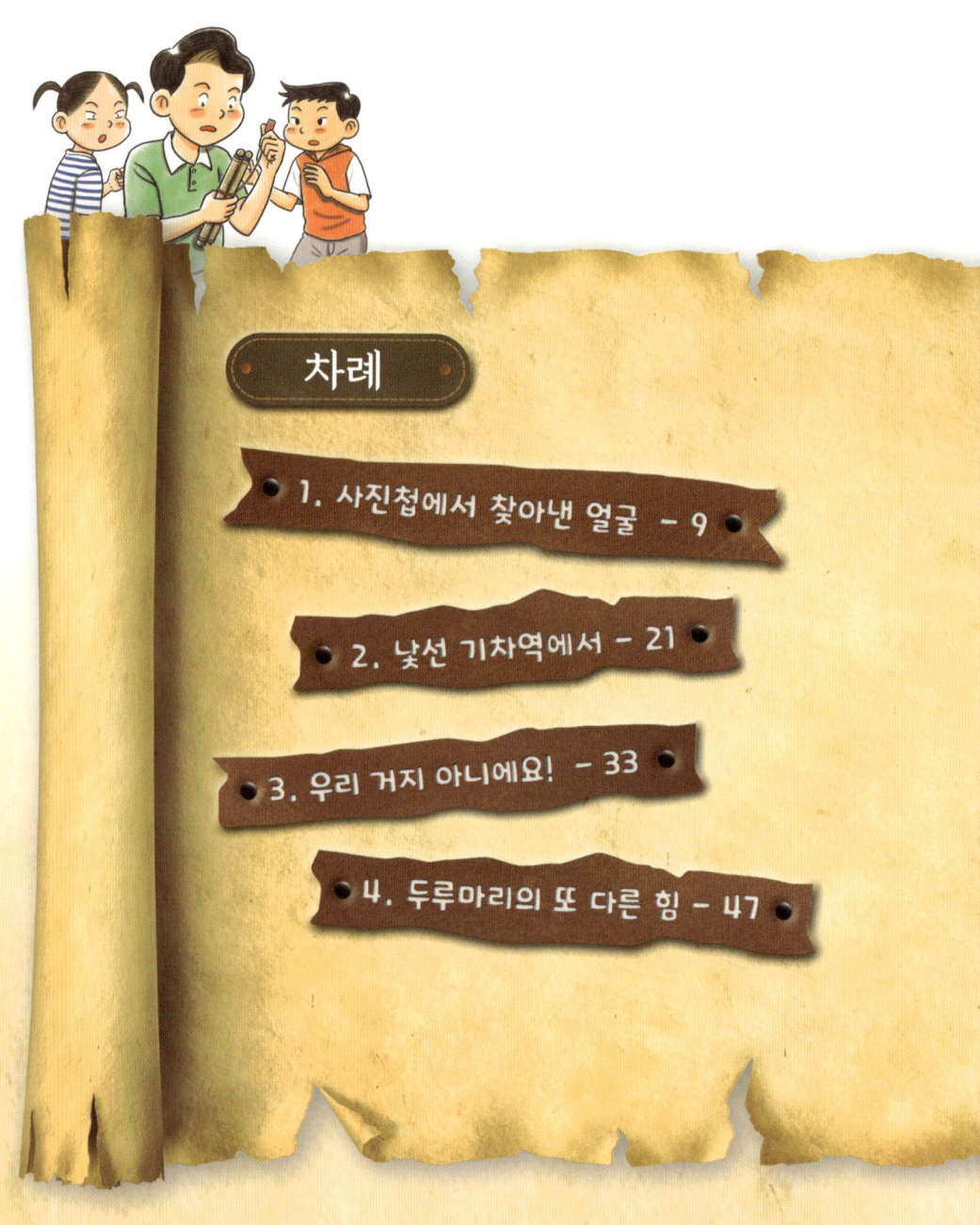

차례

1. 사진첩에서 찾아낸 얼굴 - 9
2. 낯선 기차역에서 - 21
3. 우리 거지 아니에요! - 33
4. 두루마리의 또 다른 힘 - 47

하얼빈 역에 울려 퍼진 총성

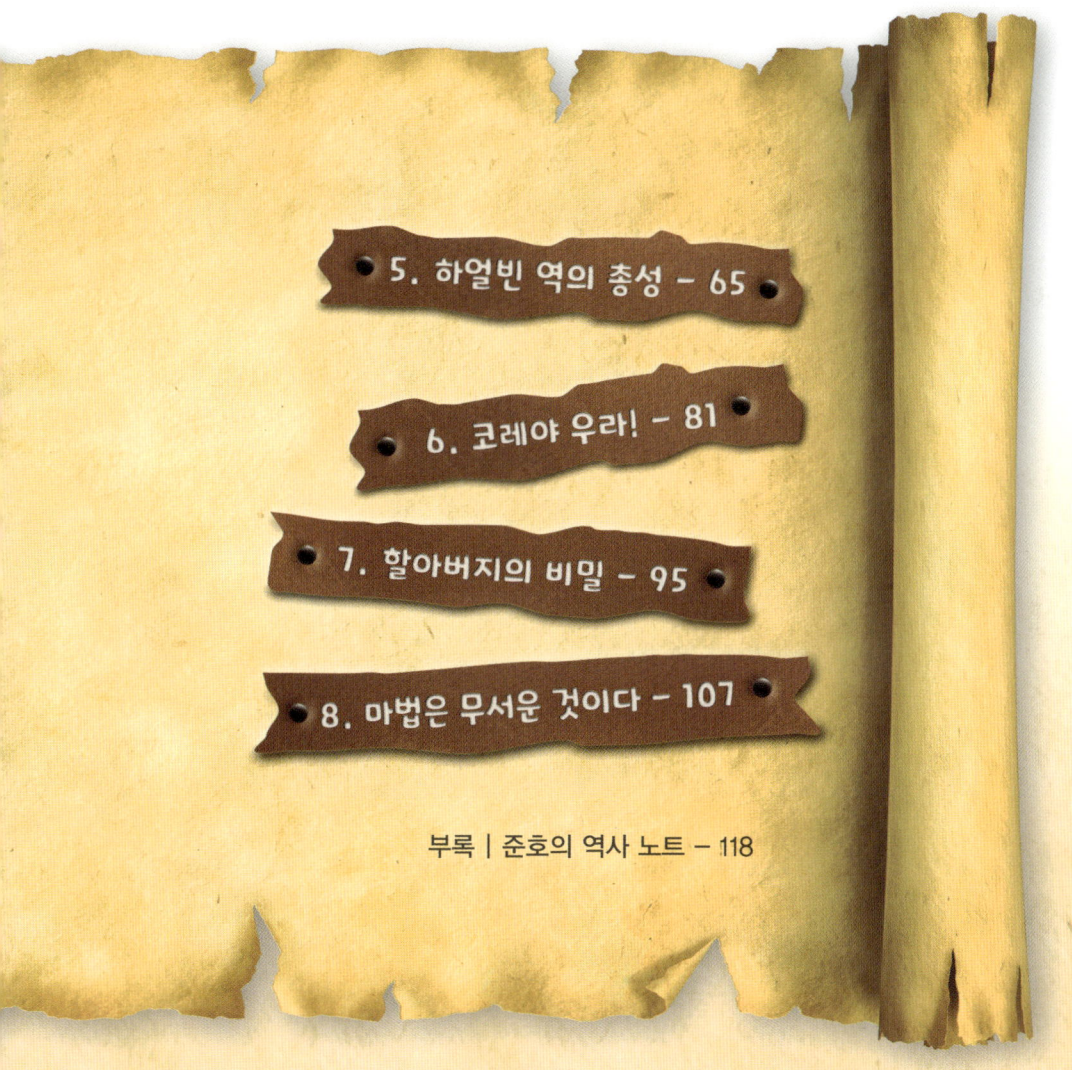

- 5. 하얼빈 역의 총성 - 65
- 6. 코레야 우라! - 81
- 7. 할아버지의 비밀 - 95
- 8. 마법은 무서운 것이다 - 107

부록 | 준호의 역사 노트 - 118

마법의 두루마리를 펼치기 전에

　호기심 많은 형제 준호와 민호는 역사학자인 아빠를 따라 경주의 작은 마을로 이사를 간다. 새집 지하실에서 마법의 두루마리를 발견한 둘은 석기 시대, 삼국 시대, 고려 시대, 조선 시대 등 과거 속으로 여행을 떠난다. 이웃에 사는 수진도 준호와 민호의 비밀을 눈치채고 과거 여행을 함께한다.

　준호와 민호는 수진을 통해 이사 온 집에 살던 역사학자 할아버지가 행방불명되었다는 사실을 알게 되고, 마법의 두루마리의 진짜 주인과 그에 얽힌 비밀을 풀기로 마음먹는다. 한편 수진은 과거에서 역사학자 할아버지를 봤다며 할아버지가 과거에 갇혀 있다고 주장하는데…….

1. 사진첩에서 찾아낸 얼굴

쉿!

민호와 수진은 발꿈치를 들고 도둑고양이처럼 살금살금 서재로 다가갔다. 민호가 안을 살펴보고는 고개를 까딱하자 수진이 그림자처럼 안으로 사라졌다. 그 뒤를 따라 민호도 민첩하게 서재 안으로 들어섰다.

"뭐해, 지금?"

먼저 서재에 와서 사진첩을 보고 있던 준호가 한심하다는 듯 말했다.

엄마가 돌아오시기 전에 어서 할아버지 사진을 찾아야 하는데, 민호와 수진이 첩보원 놀이를 한답시고 몰래 서재로 들어오는 시늉을 한 것이다. 집에 자기들밖에 없어서 주위를 살필 필요가 전혀 없는데 말이다.

"엉뚱한 짓 하지 말고, 빨리 사진첩이나 살펴봐!"

준호가 핀잔을 주는데도 민호와 수진은 신이 나서 우렁차게 경례를 붙였다.

"넵!"

민호는 자기가 먼저 할아버지의 사진을 찾고 싶은 욕심에 준호가 꺼내 놓은 사진첩 중 가장 두툼한 것을 골랐다. 하지만 불행히도 그 사진첩에는 민호 할아버지의 환갑잔치 사진만 잔뜩 들어 있었다. 할아버지와 할머니, 고모, 삼촌, 먼 친척들이 모두 한자리에 모여 웃고 있었다.

"에잇, 꽝이다!"

민호가 사진첩을 탁 덮자 수진이 말했다.

"이 사람이 너네 아빠지?"

민호가 고개를 빼고 수진이 펼쳐 보는 사진첩을 들여다보았다. 오래전 사진인지, 젊은 얼굴의 아빠가 친구들과 어깨동무를 한 채 활짝 웃고 있었다. 그 옆에는 조금 더 나이가 들어 보이는 사람이 고집스럽게 입을 앙다물고 눈살을 찌푸린 채 정면을 노려보고 있었다.

"이 사람은 누구지? 혼자 화난 얼굴이네. 어휴, 인상 한 번 고약하다!"

민호의 말에 수진이 킥킥대며 웃었다.

준호는 비교적 새것으로 보이는 앨범을 살펴보고 있었다. 할아버지를 만났을 때 얼굴을 알아보려면 최근에 찍은 사진이 필요할 것 같았다.

준호가 고른 사진첩에는 아빠가 서울 국립중앙박물관에 다닐 때 찍은 사진이 주로 있었다. 뒷부분에는 국립경주박물관에 막 부임했을 때 찍은 사진도 몇 장 보였다.

준호는 아빠와 함께 국립중앙박물관에서 찍은 사진을 보며 무심코 웃음을 지었다. 엄마랑 민호랑 박물관에 놀러 갔을 때 찍은 사진이었다. 민호도 고개를 들이밀고 한마디 했다.

"어, 서울에 살 때 사진이다!"

수진도 고개를 빼고 들여다보았다.

"이때가 좋았는데!"

민호의 말에 수진이 대뜸 물었다.

"그럼 지금은 별로야? 우리 동네가 마음에 들지 않는단 얘기야?"

"야, 누가 그렇대! 그냥 이때가 좋았단 얘기지. 그러니까 내 말은 이때는 이때대로, 지금은 지금대로 좋다고! 물론 지금이 훨씬 짜릿하지만."

수진이 피식 웃었다.

준호도 빙긋 웃었다. 처음 이 집으로 이사 왔을 때는 마음에 드는 것이 하나도 없어서 투덜대기만 했다. 그런데 어느덧 이곳 생활에 흠뻑 빠져서 어느 때보다 신나는 여름 방학을 보냈다. 모두 마법의 두루마리 덕분이었다.

준호는 다시 사진첩을 넘겼다. 민호와 수진도 같이 들여다보았다. 그런데 사진첩을 서너 장쯤 더 넘겼을 때 수진의 눈이 동그래졌다.

"어, 할아버지다!"

준호와 민호가 동시에 수진을 보았다.

"뭐, 이분이?"

"어디, 어디! 나도 좀 봐!"

민호는 사진첩에 고개를 박고 자세히 들여다보았다.

그것은 경주 박물관 앞에서 아빠가 웬 할아버지와 단둘이 찍은 사진이었다. 할아버지의 눈이 어찌나 날카로운지 꼭 사람을 노려보는 것만 같았다. 깡마른 몸, 일자로 꼭 다문 고집스런 입매, 작고 뾰족한 얼굴에 초롱초롱 빛나는 눈. 한눈에도 무척이나 깐깐하고 괴팍해 보였다.

민호는 입을 삐죽이며 할아버지의 사진을 향해 혀를 날름 내밀었다. 자신을 노려보는 듯한 눈빛에 어쩐지 기분이 나빴던 것이다. 그러다 문득 조금 전 수진이 보여 주었던 사진이 떠올랐다. 청년들 옆에서 혼자 입을 앙다물고 인상을 쓰고 있던 사람과 어딘가 닮은 것 같았다.

"아까 그 사진! 우리 아빠 젊었을 때 사진 있잖아, 거기 있던 사람도 이 할아버지 같아!"

민호의 눈썰미가 제법이었다. 과연 수진이 보던 사진첩에 있던 사람도 작고 뾰족한 얼굴에 눈이 초롱초롱했으며 마치 화가 난 사람처럼 입을 꼭 다물고 있었다.

준호는 두 사진을 번갈아 보며 젊은 시절의 할아버지와 최근의 할아버지 모습을 비교해 보았다. 크게 달라진 점은 없었지만, 아빠랑 둘이 찍은 사진 속 할아버지가 좀 더 흰머리가 많고 야위었으며 주름살이 많았다.

"봐, 맞지! 내 말 맞지!"

민호가 신이 나서 말하자 준호가 말했다.

"그런데 이건 뭐지? 혹시 용머리 지팡이 아니야?"

"어디, 어디?"

수진이 사진에 얼굴을 바짝 들이댔다.

"어, 진짜다! 여기, 이거, 할아버지가 짚고 있는 지팡이 손잡이가 용 머리 같아!"

민호도 다시 사진에 고개를 박고 자세히 보았다. 아빠랑 둘이 찍은 사진에서 할아버지는 분명 손잡이 부분이 용머리 모양으로 생긴 지팡이를 짚고 있었다.

"다른 사진도 찾아보자!"

준호는 다른 사진에도 혹시 할아버지와 용머리 지팡이가 있을까 싶어 사진첩을 빠르게 넘겼다.

민호와 수진도 저마다 맡은 사진첩을 살펴보았다. 하지만 할아버지 사진은 더 이상 나오지 않았다.

"뭐야, 할아버지 사진은 겨우 두 장밖에 없잖아!"

민호가 황당하다는 듯이 말했다. 아빠랑 그렇게 친했다면서 사진이 겨우 두 장밖에 없다는 게 믿기지 않았다.

준호도 허탈했다. 그나마 한 장은 할아버지가 젊었을 때 사진이니, 지금의 할아버지 모습을 알 수 있는 사진은 딱 한 장뿐이었다. 그래도 다행이라면 할아버지의 모습과 용머리 지팡이를 확인했다는 점이었다.

준호는 얼른 수첩을 꺼내 할아버지와 지팡이의 모습을

적었다. 그러자 옆에서 보고 있던 수진이 끼어들었다.

"오빠, 잠깐만! 여기다 그림도 그려 두자."

수진이 준호의 수첩에 할아버지와 용머리 지팡이를 쓱쓱 그려 넣었다.

민호는 준호의 메모와 수진의 그림을 들여다보며 눈알을 뙤로록 굴렸다.

"우아, 끝내준다! 이 정도면 언제 어디서 할아버지를 만나도 딱 알아보겠다!"

민호의 호들갑에 수진은 어깨가 우쭐했다.

"이제 과거에서 할아버지를 찾는 일만 남았어."

기대에 부푼 민호와 수진이 한껏 들뜬 목소리로 외쳤다.

"그래, 과거로 떠나자! 할아버지를 찾으러!"

둘은 앞다투어 지하실로 달려 내려갔다. 서재로 들어설 때의 경계심과 조심성은 온데간데없이.

준호는 어깨를 으쓱하고는 민호와 수진을 뒤따라갔다.

그 많고 많은 과거의 시간 속에서 과연 할아버지를 찾을 수 있을까? 과거에서 할아버지를 만나는 것은 불가능하지 않을까? 준호는 확신이 서지 않았다.

지하실 문을 열자 특유의 서늘한 냉기와 퀴퀴한 냄새가 왈칵 달려들었다. 하지만 이제 그런 것쯤은 아무렇지도 않은 듯, 아이들은 어둠 속에서도 능숙하게 움직여 골방으로 그림자처럼 들어갔다.

잠시 뒤 푸른빛이 번쩍이더니 "으아!" 하는 짧은 비명 소리와 함께 아이들은 온데간데없이 사라졌다.

2. 낯선 기차역에서

"으으, 추워! 도대체 여긴 어디지?"

민호가 이를 딱딱 부딪치며 말했다.

살을 에는 추위에 정신을 차릴 수가 없었다. 얇은 여름옷을 입고 와서 더 추웠다.

"에취!"

급기야 수진이 재채기를 하며 콧물을 흘렸다. 민호도 사시나무 떨 듯 떨었다. 찬바람이 뼛속까지 파고드는 것 같았다.

준호는 재빨리 주위를 둘러보았다. 마침 건물 귀퉁이에 나무 궤짝과 가마니가 있었다.

"우리, 저거라도 쓰고 있자."

준호는 자신도 몹시 추웠지만, 민호와 수진에게 먼저 가마니를 씌워 주었다. 그러다 가마니 밑에 떨어져 있는 모래시계와 두루마리를 발견하고 재빨리 집어 들었다.

민호와 수진은 가마니를 망토처럼 몸에 두르고 덜덜 떨었다. 민호가 킥킥대며 말했다.

"으, 너, 꼭 거지 같아!"

수진도 키득거리며 말했다.

"넌 어떻고? 너도 완전 거지야. 아주 잘 어울리는데?"

"뭐라고?"

민호가 버럭 소리를 지르자, 준호는 민호에게 모래시계를 건네며 조용히 하라고 주의를 주었다. 그러고는 자기도 가마니를 어깨에 걸쳤다. 조금 따끔거리기는 했지만, 한결 따뜻했다.

가마니 덕분에 추위가 좀 가시자, 수진과 민호는 주위를 둘러보았다. 여긴 어딜까? 어디기에 이렇게 추운 걸까?

"형, 여기 과거 맞아? 가게들이 있는데?"

수진이 아는 척을 했다.

"마차가 다니잖아. 고려 시대나 조선 시대는 아니지만 분명히 과거는 맞아. 저기 봐, 인력거*도 있어!"

아이들이 있는 곳은 큰길가에 있는 어느 건물 옆이었다.

큰길가에는 크고 작은 상점들이 늘어서 있었다. 이른 아침인 듯 아직 문을 열지 않은 상점들이 많았다.

큰길 건너편에 있는 크고 웅장한 근대식 건물 앞에는 마차와 인력거가 쉴 새 없이 오갔다. 여행 가방을 든 양복 차림의 사람들이 마차와 인력거에서 내려 서둘러 건물 안으로 들어갔다. 대부분 중절모나 털모자를 쓰고 양복과 코트를 입었지만, 중국 전통 옷을 입은 사람이나 기모노를 입은 일본인들

* 인력거

근대에 가마 대신 타던 교통수단. 사람(인)의 힘(력)으로 끄는 수레(거)라고 하여 '인력거'라고 불렀다. 마차나 가마보다 작아 좁은 골목을 자유롭게 다닐 수 있었고, 인력거꾼들이 지리에 밝아 목적지까지 편하게 갈 수 있었다. 자동차가 대중교통 수단으로 자리잡기 전인 1900년대 초에 크게 유행하다가, 택시가 보편화되면서 차츰 사라졌다.

도 섞여 있었다.

준호는 얼른 두루마리를 펼쳐 보았다. 두루마리 왼쪽 지도에는 한반도와 광활한 중국 땅이 그려져 있었다. 그리고 중국 동북부 지방, 그러니까 만주* 지방 어딘가에 둥근 점이 찍혀 있었다. 오른쪽 지도에는 반듯한 도로들과 건물들이 그려져 있었는데, 가운데를 가로지르는 철도 옆 한 건물에 둥근 점이 찍혀 있었다.

준호는 지도 속에 둥근 점이 표시된 건물과 눈앞에 있는 근대식 건물을 비교해 보았다. 마차와 인력거가 분주히 오가는 풍경과 여행 가방을 든 사람들도 눈여겨보았다.

* 만주
압록강과 두만강 북쪽의 중국 둥베이(동북) 지방을 이른다. 중국 중심부로 가는 길목에 있어, 청나라의 힘이 약해진 1900년대 초에 만주의 지배권을 두고 러시아와 일본이 치열하게 다투었다. 당시 만주에는 중국인뿐 아니라 살 길을 찾아 이주해 간 조선 사람들이 많이 살았다. 특히 1910년에 일본에 나라를 완전히 빼앗긴 이후 많은 독립운동가들이 만주에서 활동했다.

'저 건물은 기차역일까?'

준호의 짐작이 맞다면 이곳은 만주 지방의 어느 기차역이었다.

"여기는 일제 강점기*의 만주 지방인 것 같아. 저 앞의 건물은 기차역이고."

준호의 말에 수진과 민호가 콧물을 훌쩍이며 물었다.

"만주라고?"

"뭐, 일제 강점기?"

준호가 고개를 끄덕이자 민호가 흥분해서 소리쳤다.

"그럼 일본이 우리나라를 빼앗았던 때로 온 거란 말이야?"

민호는 일제 강점기라는 말만 들어도 화가 치밀어 올랐다.

---

* 일제 강점기

1910년에 국권이 강탈된 이후 1945년 해방되기까지, 35년 동안 일본이 우리나라를 강제로 지배한 시기를 말한다. 하지만 일본의 실질적인 강제 통치는 을사늑약을 체결해 외교권을 빼앗은 1905년부터 시작되었다. 일제 강점기에 일본은 우리나라의 토지와 삼림 및 광물 자원을 빼앗고, 우리나라 사람들의 이름을 일본식으로 바꾸게 하고, 일본 천황에게 참배하게 했으며, 우리나라 사람들을 전쟁터로 내몰았다. 이에 수많은 사람들이 빼앗긴 나라를 되찾기 위해 독립운동에 나섰다.

일제 강점기를 다룬 영화나 드라마에서 일본 사람들이 우리나라 사람들을 못살게 굴 때마다 분통이 터졌다. 일본에 우리 독립군을 팔아넘기거나 일본 사람들보다 더 지독하게 우리나라 사람들을 괴롭히는 친일파를 보면 화가 머리끝까지 났다. 그런데 바로 그 일제 강점기로 오다니, 민호는 눈앞에 악랄한 일본 순사라도 나타난 듯 눈을 부라리며 주먹을 불끈 쥐었다.

"어쩐지 그럴 것 같았어. 양복을 입은 사람도 있고 청나라* 옷이나 기모노를 입은 사람도 있잖아. 그런데 오빠, 만주면 우리나라가 아니지?"

▲ 청나라의 전통 옷

* 청나라
중국의 마지막 왕조로, 1616년 여진족이 한족의 명나라를 무너뜨리고 세운 나라를 말한다. 약 300년간 번성하며 중국을 다스렸지만, 서구 열강들이 다른 나라를 침략하여 부를 쌓던 제국주의 시기에 정부가 타락하여 힘을 잃었다. 1842년 영국의 강제 개방 요구에 맞선 아편 전쟁에서 패배하는 등 서구 제국주의 강대국들의 침탈에 속수무책으로 당했다. 1911년 무능한 청 왕조를 무너뜨리고 국민의 대표자가 다스리는 공화 정치를 실시하자는 신해혁명이 일어나 멸망했다.

수진이 주위를 눈여겨보며 물었다.

"응, 청나라 땅이지. 하지만 일제 강점기 만주에는 우리나라 사람들이 많이 살았어. 일본이 조선을 빼앗고 청나라와 러시아*까지 침략하려고 했거든. 그래서 만주에는 일본, 청나라, 러시아 사람들도 많았지만 우리나라 독립운동가들도 많이 있었어."

준호가 거기까지 말했을 때, 또각또각 경쾌한 말발굽 소리와 함께 마차 한 대가 다가와 멈추어 섰다.

갑자기 어디서 나타난 마차일까. 당황한 아이들은 가마니를 걸친 채, 눈만 크게 뜨고 우두커니 서 있었다.

'왜 우리 앞에 멈춰 선 거지?'

▲ 1900년대 초 러시아 영토

* 러시아

1900년대 초, 러시아는 드넓은 영토와 풍부한 천연자원을 앞세워 힘을 키워 나갔다. 겨울에도 얼지 않는 항구를 확보하려던 러시아는 동북아시아에서 만주와 한반도를 놓고 일본과 전쟁을 벌였다. 이 러일 전쟁에서 러시아가 일본에 패하면서 일본 제국주의는 더욱 힘을 얻게 되었다.

준호는 배낭 속에 두루마리를 슬며시 집어넣으며 재빨리 머리를 굴렸다. 어쩌면 마차는 우연히 아이들 앞에 멈춰 선 것일지도 모른다. 괜히 도망쳤다가 의심을 사느니 일단 상황을 지켜보는 게 좋지 않을까? 게다가 거추장스러운 가마니를 두르고 있어 도망치기도 쉽지 않았다.

준호는 민호와 수진에게 그대로 있으라는 눈짓을 보내고, 마차를 뚫어지게 쳐다보았다.

곧 말쑥한 검은 더블 재킷 차림에 모자를 쓴 신사가 날카롭게 눈을 빛내며 마차에서 내려섰다. 신사는 조용하고 침착하게 움직였지만, 왠지 모를 긴장감이 느껴졌다.

준호는 가마니 자락을 꼭 붙잡고 얼어붙은 듯 그 자리에 서 있었다. 왠지 신사의 얼굴이 낯설지가 않았다.

'저 얼굴은……?'

준호는 모자 밑으로 드러난 신사의 각진 턱선을 눈여겨보았다. 분명히 어디선가 본 듯한 얼굴이었다.

3. 우리 거지 아니에요!

마차에서 내린 신사가 매서운 눈으로 주위를 둘러보았다. 느리지만 절도 있는 움직임이었다.

아이들과 신사의 거리는 불과 예닐곱 걸음. 준호도, 민호도, 수진도 숨을 죽인 채 신사를 지켜보았다.

이내 건물 옆에서 자신을 바라보는 아이들을 발견한 신사는 걸음을 멈추고 잠시 아이들을 살펴보았다. 추위 속에 얇은 홑옷만 입고 허름한 가마니를 뒤집어쓴 아이들의 모습이 측은해서였을까. 신사의 날카롭던 눈빛이 부드럽게 풀리며 얼굴에 안쓰러운 표정이 떠올랐다.

아이들은 여전히 불안한 눈빛으로 신사를 보고 있었다. 마침내 신사가 아이들에게서 눈길을 거두고 걸음을 재촉했다.

'휴우…… 다행이다.'

신사의 등을 바라보며 준호가 안도의 숨을 내쉬는 순간, 민호가 속닥거렸다.

"형, 저 사람, 일본 사람 아닌 것 같지?"

민호의 말이 들린 걸까. 갑자기 신사가 멈춰 섰다.

신사는 돌아서서 날카로운 눈빛으로 아이들을 쏘아보았다. 순간 아이들은 숨이 멎을 것만 같았다. 긴장한 기색이 역력한 신사는 모자 밑으로 눈을 빛내며 옷깃을 여몄다.

아이들은 덜덜 떨며 가마니 자락을 꼭 쥐고, 한 발 한 발 다가오는 신사를 바라보았다.

'만약 저 사람이 일본 경찰이라면? 우리를 수상하게 여기고 이것저것 꼬치꼬치 캐묻는다면?'

준호는 눈을 질끈 감았다.

마침내 신사가 아이들 앞에 멈춰 섰다. 그러고는 주머니에서 뭔가를 꺼냈다.

"자."

신사가 주머니에서 꺼낸 것을 아이들에게 내밀었다. 뜻밖에도 그것은 조그만 동전이었다.

"날이 추운데, 이걸로 요기라도 해라."

아이들은 어리둥절한 얼굴로 신사를 올려다보았다. 그러고는 놀란 눈으로 서로를 쳐다보았다.

'우리말이다!'

신사는 분명히 한국어로 말했다. 더구나 아주 또렷한 발음으로! 아이들은 일제히 안도의 한숨을 내쉬었다.

준호가 손을 저으며 말했다.

"아, 아녜요. 저, 저희는 배고프지 않아요……."

추위 때문인지, 긴장 때문인지 준호의 목소리가 몹시 떨렸다.

하지만 처음 보는 동전에 민호의 호기심이 발동했다. 민호는 신사가 내민 동전 쪽으로 냉큼 손을 뻗었다.

"고맙습니다!"

민호가 동전을 잡으려는 순간, 수진이 발끈했다.

"아저씨, 우리 거지 아니에요!"

신사가 수진을 내려다보았다. 뺨이 오동통하니 귀여운 여자아이가 가마니를 뒤집어쓴 채 눈을 치뜨고 자신을 쏘아보고 있었다.

입을 꾹 다물고 있던 신사의 얼굴에 희미한 웃음이 떠올랐다. 추위에 떨면서도 구걸은 않겠다는 아이의 모습에서 당당한 기개를 느낀 것이다.

신사는 빙긋 웃으며 수진을 바라보고는, 동전을 주머니에 도로 집어넣었다. 수진의 그 당당한 마음을 존중해 주고 싶은 것 같았다.

신사는 조용하지만 다정한 목소리로 말했다.

"조선말을 하는 것을 보니 조선 아이들인 모양이구나. 오늘 이곳에서는 중요한 일이 있으니, 어서 피하거라."

수진이 물었다.

"중요한 일이라니요? 무슨 일인데요?"

신사는 움찔하며 고개를 숙인 채 재빨리 주위를 둘러보았다. 눌러쓴 모자 밑으로 신사의 눈빛이 날카롭게 빛났다. 수진의 목소리가 너무 컸던 것이다.

그러고 보니 아까부터 총을 든 군인들이 건물 주변을 서성거리고 있었다. 누런 제복을 입고 털모자를 쓴 러시아 군인들이었다.

신사가 소리를 낮추고 다급하게 말했다.

"쉿, 조용. 오늘 여기에 조선의 첫 번째 통감 이토 히로부미*가 온다. 그래서 경계가 아주 삼엄하지. 특히 조선 사람은 얼씬도 못하게 철저히 경비를 서고 있단다. 여기서 조선말을 하다간 군인들에게 잡혀갈 수도 있으니, 어서 가거라.

* 이토 히로부미

일본 메이지 헌법의 초안을 마련하고 양원제 의회를 수립하는 등 근대 일본의 기틀을 세운 인물. 서양 강대국들의 개방 압력이 심해지자 발 빠르게 조약을 맺고, 일본을 근대화시키는 데 앞장섰다. 조선을 지키려던 수십만 명의 동학 농민군을 학살하도록 지시하고, 을사늑약 체결에 앞장섰으며, 이후 일본이 대한 제국에 설치한 통감부의 초대 통감이 되어 대한 제국을 실질적으로 다스렸다.

괜히 붙잡혀서 고생하지 말고. 어서!"

신사의 말에 준호는 머리카락이 쭈뼛 섰다.

'이토 히로부미라고? 그럼 이곳은 혹시 하얼빈* 역?'

준호는 심장이 벌렁거렸다. 신사는 분명히 여기에 이토 히로부미가 온다고 했다. 일본의 조선 침략을 지휘하며 수많은 조선인들을 죽음으로 내몰고 우리 군대를 없애 버린 이토 히로부미! 그 이토 히로부미가 러시아 군인과 중국인, 일본인이 오가는 이곳에 온다는 것은, 여기가 하얼빈 역이라는 뜻 같았다. 그런데 이곳이 하얼빈 역이라면, 눈앞의 이 신사는

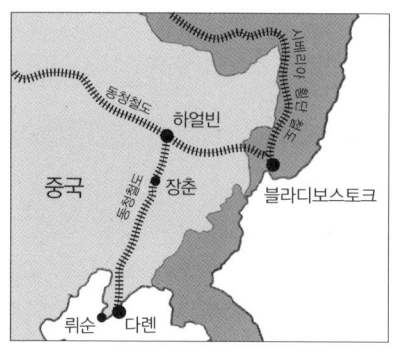

* 하얼빈
중국 둥베이 지방의 큰 도시. 19세기 말에서 20세기 초에 러시아인들이 동청 철도를 건설하면서 생겨났다. 동청 철도는 만주의 동서남북을 연결하는 철도로, 시베리아 횡단 철도와 러시아의 동쪽 항구 블라디보스토크를 직선으로 잇는다. 이 철도가 지나는 하얼빈은 교통의 요지로, 러시아와 일본이 하얼빈을 차지하기 위해 치열하게 다투었다. 동청 철도는 러시아가 관리했는데, 러시아가 러일 전쟁에서 패한 뒤 창춘 남쪽의 철도는 일본이, 나머지는 중국과 러시아가 공동으로 관리했다.

누굴까?

　조선말을 쓰고 조선 아이들을 걱정하는 것으로 보아, 조선 사람이 분명했다. 준호는 설마 하는 마음으로 신사의 모습을 찬찬히 살폈다.

　강직한 눈과 우뚝한 코, 꾹 다문 입과 콧수염.

　'이토 히로부미가 하얼빈 역에 도착하는 날이라면……'

　다음 순간 준호는 심장이 멎는 것 같았다.

　안중근.

　그렇다. 을사늑약* 체결을 주도한 이토 히로부미를 하얼빈 역에서 저격한 안중근 의사가 틀림없었다.

* 을사늑약
1905년에 일본이 우리나라를 보호국으로 삼기 위해 강제로 맺은 조약. 보호국이 되면 조약을 맺은 상대 국가에 외교권을 빼앗기고 내정도 간섭을 받는다. 일본은 대한 제국을 보호해 주겠다며, 조약의 체결을 강요했으나 대한 제국의 황제 고종이 끝내 거부했다. 그러자 일본은 이완용, 이지용, 이근택, 박제순, 권중현 등 5명의 대한 제국 대신들(을사늑약의 매국노로, '을사오적'이라 한다)의 승인을 받아 강제로 조약을 맺었다. 이에 따라 조선은 일본에 외교권을 빼앗기고, 해외에 있던 외교 기관이 전부 폐쇄되었다. 이듬해 서울에 통감부가 설치되어, 이토 히로부미가 첫 번째 통감으로 왔다. 이후 일본은 대한 제국을 실질적으로 지배하며 식민지로 삼을 채비를 했다.

갑자기 준호는 가슴이 뜨거워졌다. 일본에 나라를 빼앗기고 머나먼 이국 땅에서 의병이 되어 싸우던 안중근 의사를 하필이면 하얼빈 역에서 만나다니……. 준호의 눈에 눈물이 그렁그렁해졌다.

신사가 다시 주위를 둘러보며 나지막이 말했다.

"절대 조선말을 쓰지 말고, 어서 집에 가거라. 어서!"

그러고는 붙잡을 틈도 없이 역 쪽으로 돌아섰다.

그때 거리를 순찰하던 러시아 군인들이 아이들 쪽으로 저벅저벅 다가왔다. 안중근 의사도, 아이들도 바짝 긴장했다.

총을 멘 군인 하나가 안중근 의사에게 웃음을 띠며 말을 건넸다.

"도브뢰 우뜨라(좋은 아침이오)."

안중근 의사는 손을 까딱이며 태연하게 대답했다.

"도브뢰 우뜨라(좋은 아침이오)."

그러고서 러시아 군인이 뭔가를 물어보는데, 도무지 무슨 얘기를 나누는지 알 수가 없었다.

민호가 눈짓으로 준호와 수진에게 물었다.

'설마 우리 얘기를 하는 건 아니겠지?'

가뜩이나 추운 날씨에 수진과 준호도 덜덜 떨며 초조한 눈빛으로 지켜보았다.

안중근 의사가 나직하게 웃으며 뭐라고 짤막하게 대답했다. 러시아 군인도 빙긋 웃으며 고개를 까닥했다. 군인 특유의 절제된 몸짓이었지만, 긴장감은 느껴지지 않았다. 그런 것으로 보아 크게 의심을 사지는 않은 모양이었다.

준호는 속으로 안도의 한숨을 내쉬었다. 가마니를 뒤집어쓰고 역 주변에서 얼쩡대는 자기들 때문에 안중근 의사가 괜한 의심을 받지나 않을까 가슴을 졸였던 것이다.

'어서 가거라!'

준호와 눈이 마주친 순간, 안중근 의사가 눈짓을 보냈다. 그러고는 러시아 군인들을 지나쳐 역 쪽으로 성큼성큼 걸어갔다.

준호는 멀어져 가는 안중근 의사의 뒷모습을 바라보며 가슴이 미어지는 것 같았다. 앞으로 안중근 의사에게 어떤 일이 일어날지 잘 알고 있었기 때문이다.

이토 히로부미를 기다리는 지금, 안중근 의사는 어떤 마음일까?

짐작조차 할 수 없었다.

준호는 마음을 추스르고 주위를 살폈다. 위험이 시시각각 다가오고 있었다. 안중근 의사의 말대로 이대로 이곳에 있다가는 무슨 일을 당할지 알 수 없었다.

준호는 사람들의 눈을 피해 민호와 수진을 구석진 곳으로 데려갔다.

"내 말 잘 들어. 우린 지금 일제 강점기의 하얼빈에 와 있어. 그리고 우리가 방금 만난 사람은 안중근 의사야."

"뭐, 안중근 의사!"

민호와 수진이 놀라서 동시에 소리쳤다.

그 순간 누군가 준호의 손목을 덥석 움켜쥐더니 우악스레 끌고 갔다. 너무나 순식간에 벌어진 일이라 비명을 지를 새

도 없었다.

민호와 수진은 느닷없이 끌려가는 준호를 허둥지둥 쫓아가며 괴한을 붙잡으려고 했다. 그런데 걸음이 어찌나 빠른지 쉽게 따라잡을 수가 없었다. 괴한의 검은 코트와 중절모, 그리고 끌려가는 준호만 속절없이 바라보며 쫓아갈 뿐이었다.

괴한은 으슥한 골목으로 들어선 뒤에야 멈춰 섰다. 그제야 민호와 수진이 괴한에게 덤벼들었다.

"이거 놔요!"

수진이 괴한의 손목을 잡으며 소리쳤다.

하지만 다음 순간 괴한의 얼굴을 보고는 입이 쩍 벌어졌다.

"하, 할아버지!"

수진의 비명 같은 외침에 준호와 민호는 동시에 괴한을 올려다보았다.

4. 두루마리의 또 다른 힘

꿈일까, 생시일까.

아이들은 자기 눈을 믿을 수 없다는 듯 눈을 크게 뜨고 할아버지를 빤히 쳐다보았다. 지긋한 나이에도 초롱초롱 빛나는 눈과 뾰족한 얼굴, 일자로 꼭 다문 고집스런 입매와 홀쭉한 뺨 때문에 할아버지는 사진보다 더 말라 보였다. 하지만 인상이 그대로라서 한눈에 알아볼 수 있었다. 무엇보다 할아버지는 사진에서 본 것과 똑같은 용머리 지팡이를 짚고 있었다.

"할아버지, 맞죠?"

수진이 묻자 할아버지가 쉿 하고 주의를 주었다.

"말하지 마! 조선말을 쓰면 위험해."

아이들은 움찔해서 얼른 손으로 입을 막았다. 할아버지는 조심스레 주위를 살피고는 아이들을 데리고 어딘가로 향했다.

길에는 허름한 차림새에 변발*을 한 사람들이 드문드문 지나다녔다. 하나같이 앙상하게 야윈 모습들이었다.

할아버지와 아이들은 붉은 벽돌 건물 뒤쪽의 어느 빈터에서 걸음을 멈추었다. 빈터 한쪽에 밤새 탄 장작불이 흰 잿더미 속에서 마지막 불꽃을 가물가물 피워 올리고 있었다. 불은 이미 거의 꺼진 뒤였지만, 수북이 쌓인 잿더미에는 아직 온기가 남아 있었다.

*** 변발**
몽골이나 만주에 살던 북방 민족의 남자들이 즐겨하던 머리 모양으로, 앞머리와 옆머리를 밀고 뒷머리를 땋아 등 뒤로 길게 늘어뜨린 것을 말한다. 유목민들이 머리카락이 엉키지 않도록 땋은 데서 유래한 변발은 몽골족이 원나라를 세워 중국을 다스리던 시절에 크게 유행했다. 몽골족은 자신들이 침략했던 나라에도 변발을 강요해 한때는 고려의 왕들도 변발을 했다. 만주의 여진족이 중국을 다스리던 청나라 때는 중국의 한족도 변발을 했다. 1911년 신해혁명 때 머리를 짧게 깎도록 하는 단발령이 내려지면서 중국에서 변발이 차츰 사라졌다.

"아직 불씨가 있는 것을 보니, 중국인 철도 노동자*들이 새벽까지 불을 쬐고 갔나 보구나. 몸부터 좀 녹이거라."

할아버지가 주변에서 썩은 나뭇개비와 각목 따위를 주워 와 불씨를 살리며 말했다. 잠시 매캐한 연기가 일고 작은 불꽃이 타오르더니 모닥불 근처가 따뜻해졌다.

아이들은 가마니를 뒤집어쓴 채 불을 쬐며 참았던 질문들을 쏟아 놓았다.

"할아버지, 도대체 어떻게 된 거예요? 왜 여기 계세요?"

수진이 묻자 민호도 끼어들었다.

"안녕하세요, 할아버지? 저는 강민호예요. 우리 형은 강준호고요. 얼마 전에 할아버지네 집에 이사 왔어요."

* 중국인 철도 노등자
유럽과 아시아를 잇는 러시아의 철도 사업으로 만주 일대에서는 러시아의 치타에서 블라디보스토크를 직선으로 잇는 동청 철도 부설 공사가 시작되었다. 청나라 사람들은 러시아의 철도 사업을 통해 일자리도 얻고 돈도 벌었고, 러시아는 청나라의 값싼 노동력을 이용하여 적은 비용으로 동청 철도를 건설할 수 있었다. 만주 일대에는 철도 노동자 말고도 건축 등 다른 일을 하는 노동자도 많는데, 대부분 적은 품삯을 받고 힘든 일을 하는 가난한 육체노동자들이었다.

할아버지가 민호의 인사에는 대꾸도 않고 다짜고짜 다그쳐 물었다.

"여기는 어떻게 온 거냐? 두루마리를 펼친 게냐?"

순간 제각기 떠들어 대던 아이들이 꿀 먹은 벙어리가 되었다.

준호는 당황해서 귀까지 새빨개졌다. 만약 할아버지가 두루마리의 주인이라면, 준호와 민호는 허락도 없이 할아버지 물건에 손을 댄 셈이었다.

"두루마리 좀 보자."

할아버지의 말에 준호는 주춤주춤 배낭에서 두루마리를 꺼내 할아버지에게 내밀었다.

할아버지는 오랜 친구라도 만난 듯 부드러운 손길로 잠시 두루마리를 쓰다듬더니, 이내 추궁하듯 물었다.

"두루마리는 어떻게 찾았지?"

준호가 얼굴을 붉힌 채 아무 말도 못하자, 민호가 형 대신 솔직하게 대답했다.

"경주 집에 이사 온 첫날, 아빠 심부름으로 지하실에 내려갔다가 이상한 골방을 발견했어요. 그런데 그 방에 두루마리가 잔뜩 있었어요."

준호는 더욱더 얼굴이 빨개지며 고개를 숙였다.

"죄, 죄송해요. 저희가 멋대로 두루마리를 펼쳐 봤어요."

준호의 목소리는 거의 기어들어 가는 듯했다. 할아버지가 나무라듯 준호를 보았다,

"두루마리는 함부로 다룰 물건이 아니다. 조심히 다뤄야 돼."

수진이 당돌하게 물었다.

"그 두루마리들은 할아버지 건가요?"

할아버지가 잠시 생각에 잠기더니 뜻밖의 대답을 했다.

"아니다. 나도 우연히 발견했지. 너희처럼 지하실에 내려갔다가 우연히 골방에서 보았으니까. 어쩌면 두루마리는 그 집의 것인지도 모르겠구나."

아이들은 놀라서 서로를 쳐다보았다.

민호가 물었다.

"그 집의 것이라고요?"

순간 준호는 왠지 모를 두려움에 사로잡혔다. 그동안 막연히 두루마리의 주인이 할아버지일 것이라고 믿고 있었는데, 생각보다 두루마리에는 더 큰 비밀이 숨어 있는지도 몰랐다.

할아버지가 어리둥절해하는 아이들을 바라보며 말머리를 돌렸다.

"내 집에 이사를 왔다고?"

준호와 민호가 고개를 끄덕이자 할아버지가 준호의 눈을 들여다보며 물었다.

"으음, 그렇다면 강 선생 아이들이겠구나. 혹시 강 선생도 이 여행을 알고 있나?"

"아뇨. 우리 셋만 알고 있어요."

민호가 대답하자 할아버지는 어렴풋이 안도의 한숨을 내쉬었다.

"그래. 이 마법의 여행은 비밀을 동반하지. 누구에게도 말할 수가 없으니까. 다른 사람에게 말하는 순간, 이 여행이 끝날 것 같아서 말이야."

할아버지는 그렇게 말하고는 모닥불을 살짝 뒤적였다. 사그라들던 불길이 다시 화르르 일어났다. 준호는 넘실대는 불꽃 너머로 할아버지를 보았다. 할아버지는 마법의 두루마리를 펼쳐 떠나는 이 여행에 대해 누구보다 잘 알고 있는 듯했다.

'이 마법의 여행은 비밀을 동반하지.'

할아버지의 그 말에 아이들은 깊이 동감했다. 그 비밀을 할아버지와 함께 알고 있다고 생각하니, 꼭 운명을 같이 하는 동지가 된 것 같았다.

할아버지가 지팡이로 바닥을 짚으며 진지한 얼굴로 말했다.

"여기서 나를 만난 것은 비밀로 해야 한다. 약속할 수 있지?"

민호와 수진은 굳게 입을 다물고 고개를 끄덕였다. 하지만 준호는 할아버지를 걱정하던 아빠가 생각나서 쉽게 약속을 할 수가 없었다.

그렇지만 아빠한테도 이 여행은 비밀이 아니었던가? 아빠에게 할아버지를 만난 일을 이야기하려면 마법의 두루마리와 과거 여행에 대해서도 털어놓아야 한다. 그렇다면……. 준호는 머리가 복잡해졌다.

할아버지가 말했다.

"지금은 시간이 없으니, 자세한 얘기는 나중에 하자. 나는 잠깐 다녀올 곳이 있으니, 너희는 여기서 꼼짝 말고 기다리고 있어. 한두 시간 뒤에 돌아오마."

"네에?"

아이들은 동시에 소리쳤다.

"그런 게 어디 있어요, 할아버지!"

불 가에 쪼그리고 있던 수진이 가마니를 떨구며 벌떡 일어났다.

"같이 가요! 우리만 떼어 놓고 가면 어떡해요?"

민호도 할아버지한테 달려들어 팔을 붙들고 늘어졌다.

"비밀을 지키라면서 이런 법이 어디 있어요? 같은 비밀을 가진 사람끼리 이래도 되는 거예요? 동지니까 어디든 같이 가야죠. 치사하게 이러시기예요?"

할아버지는 민호한테 한 팔을 붙들린 채 난감한 표정을 지었다. 평생을 혼자 살아온 괴팍한 할아버지도 찰거머리처럼 달라붙는 민호와 수진 앞에서는 속수무책이었다. 할아버지는 이러지도 저러지도 못하고 당황해서 쩔쩔맸다.

준호가 할아버지를 안심시키려고 침착하게 말했다.

"할아버지한테 방해되지 않게 조심할게요. 저희도 여러 번 여행해 봤고, 지금까지 실수 없이 잘했어요. 저희를 믿어 주세요, 할아버지."

민호와 수진도 할아버지 팔을 꼭 붙잡은 채 한마디씩 거들었다.

"진짜예요. 지금까지 한 번도 마법의 두루마리를 들키

지 않았다니까요. 제발 우리도 데려가 주세요! 네?"

"우린 달리기도 잘하고, 눈치도 빨라요. 걱정하실 거 하나도 없어요!"

아이들이 붙잡고 매달리는 통에 할아버지는 똑바로 서 있기도 힘들었다. 그 와중에도 아이들의 옷차림이 눈에 들어왔다. 중국에서도 가장 추운 지역으로 꼽히는 하얼빈에서, 더구나 늦가을 추위 속에 이렇게 얇은 여름옷을 입고 있다가는 감기에 걸리기 십상이었다.

할아버지가 아이들을 위아래로 훑어보고는 말했다.

"알았다, 시간이 없으니, 일단 옷부터 갈아입자. 춥기도 하고, 이런 차림으로는 남의 눈에 띄기 쉬울 테니."

"만세!"

민호와 수진이 할아버지한테서 떨어져 나와 펄쩍펄쩍 뛰었다.

"쉿!"

할아버지와 준호가 동시에 주의를 주었다.

할아버지는 서둘러 주위를 살피고는 손에 들고 있던 두루마리를 허공으로 획 던졌다. 그러고는 재빨리 용머리 지팡이를 휘둘러 허공에 뜬 두루마리를 툭 쳤다. 두루마리가 허공에서 쫙 펼쳐지자, 할아버지는 지팡이 끝으로 두루마리 아래쪽에 그려져 있는 상형문자처럼 생긴 기호 가운데 하나를 건드렸다.

다음 순간 두루마리에서 하얀 연기 같은 것이 스르르 빠져 나와 아이들을 휘감았다. 눈 깜짝할 사이에 아이들의 모습이 짙은 연기 속으로 사라졌다.

잠시 후, 연기가 옅어지며 바닥에 두루마리가 툭 떨어졌다. 그와 동시에 아이들이 어리둥절한 얼굴로 모습을 드러냈다.

"어, 형!"

민호가 소리쳤다. 얇은 여름옷에 가마니를 걸치고 있던 모습은 어디 가고, 어느새 아이들의 옷이 싹 바뀌어 있었다! 수진은 분홍색 기모노를 입고 있고, 민호와 준호는 멋진 더블 재킷 코트를 입고 있었다. 영락없는 일본 부잣집 아이들의 차림새였다.

상상도 못한 놀라운 변화에 아이들은 입을 다물 수가 없었다. 준호는 몸이 따뜻해지는 것을 느끼며, 믿기지 않는다는 듯 두툼한 코트를 가만가만 만져 보았다.

민호가 들떠서 소리쳤다.

"우와! 진짜 마법의 두루마리잖아! 두루마리에 이런 마법까지 숨어 있었다니! 하하하!"

수진도 두 팔을 들어 올려 기모노*를 살펴보며 말했다.

"나 좀 봐. 완전 일본 애 같아!"

민호가 킥킥킥 웃음을 터뜨렸다.

할아버지가 소리를 낮추고 말했다.

* 기모노

일본의 전통 의상. 보통 여성의 옷을 가리키는데, 길이가 발목까지 오고 소매가 넓다. 앞길을 여며 폭이 넓은 허리띠를 둘러 입는다. 메이지 유신 이후, 일본 천황이 서양식 옷을 입으라고 칙령을 내렸지만 일본인들은 오랫동안 입어 온 기모노를 계속 입었다.

"셋 다 일본 아이로 변장했으니, 지금부터 우리말을 쓰면 안 된다. 절대 들키지 않도록 조심해야 돼."

할아버지가 그렇게 말하고 낮은 목소리로 덧붙였다.

"다시 안전한 곳으로 돌아올 때까지 입 꾹 다물고 있어야 한다. 알겠지?"

민호가 말했다.

"벙어리인 척 하라는 말씀이죠? 걱정 마세요. 전에 해 본걸요. 셋이 같이 하면 더 잘할 거예요. 수진이 넌 한 번 해 봤으니까, 제일 잘하겠다!"

민호는 그렇게 말하고 우헤헤 웃었다. 장보고를 만난 지난번 여행에서 해적들한테 붙잡혔을 때 벙어리 흉내를 내던 수진의 모습이 떠올랐던 것이다.

수진이 씩 웃으며 민호의 등을 탁 쳤다.

"너도 이제 내 고통을 알게 될 거야."

그사이 준호는 바닥에 떨어진 두루마리를 집어 들어 자세히 살펴보았다. 두루마리에 이런 마법이 있으리라고는 상상도 못했는데, 도대체 어떻게 순식간에 옷이 바뀌게 된 걸까?

두루마리를 찬찬히 살펴보던 준호는 두루마리 아래쪽 기호 가운데 하나에 구멍이 뚫려 있는 것을 발견했다. 모래시계 모양에 구멍이 뚫려 있는 것처럼 그곳에도 그 기호 모양의 구멍이 뚫려 있었다.

준호가 손가락으로 그 구멍을 살살 만져 보자 할아버지가 말했다.

"자세한 설명은 나중에 해 주마. 어서 가자!"

준호는 얼른 두루마리를 배낭에 챙겨 넣었다. 그러고는 사뭇 비장하게 고개를 끄덕이고, 민호와 수진과 함께 할아버지를 따라 서둘러 빈터를 빠져나갔다.

여관들이 있는 골목길을 빠르게 빠져나가며 준호의 가슴은 다시 세차게 뛰기 시작했다.

'어쩌면…… 어쩌면…….'

안중근 의사를 구할 수 있지 않을까? 할아버지를 쫓아

가는 준호의 마음속에 불쑥 그런 생각이 들었다.

민호와 수진도 잔뜩 흥분한 듯 얼굴이 빨갛게 상기되어 있었다. 둘은 마치 첩보원이라도 된 것처럼 기대에 찬 표정으로 할아버지의 뒤를 쫓아갔다.

과연 앞으로 어떤 일이 펼쳐질까?

아이들의 가벼운 발걸음 소리가 하얼빈의 아침 공기를 가르는 가운데, 아이들의 가슴은 저마다 다가올 모험의 세계를 그리고 있었다. 지금까지와는 차원이 다른 모험이 저 너머 어딘가에서 자신들을 기다리고 있을 것 같았다.

5. 하얼빈 역의 총성

할아버지는 아이들을 데리고 아까 안중근 의사를 만난 역 부근으로 갔다.

가로로 길게 뻗은 기차역 앞은 전보다 더 많은 인력거와 마차가 오가고 있었다. 짐 가방을 든 사람들이 바삐 역을 드나드는 가운데, 이따금 구식 자동차가 경적을 울리며 역 앞에 멈춰 서는 모습이 보였다.

역 주위에는 털모자를 쓰고 황토색 긴 코트를 입은 군인들이 총을 들고 경비를 서고 있었다.

"저 사람들은 누구예요?"

민호가 호기심에 차서 묻자 할아버지는 입 모양으로

'쉿!' 하고 주의를 주었다.

민호는 얼른 자기 입을 틀어막았다. 수진과 준호가 긴장한 눈빛으로 나무라듯 쳐다보았다. 말을 하다니, 더구나 우리말을! 그새 할아버지와 한 약속을 까먹고 말을 한 것이다. 주위에 아무도 없었기에 망정이지, 누가 들었다면 모두가 위험에 빠질 수도 있었다.

수진과 준호가 눈짓으로 꾸짖자 민호는 손으로 자기 입을 쥐어박았다.

할아버지가 다시 한번 나지막이 주의를 주었다.

"저 사람들은 러시아 군인*들이다. 우린 저 역으로 들어갈 거야. 지금부터는 절대 말을 해서는 안 돼. 조금이라도 수상해 보이면, 그 자리에서 체포될 수 있어. 명심해!"

* 러시아 군인

러일 전쟁의 패배로 러시아의 영향력이 약해지긴 했지만, 이때도 하얼빈은 러시아가 관리했다. 당시 동청 철도 사업을 벌이던 러시아는 하얼빈에 수만 명의 러시아군을 주둔시키며 지배권을 유지했다. 하얼빈에는 블라디보스토크에서 온 러시아 군인들도 많았고, 거리와 공원, 역에서 러시아 군악대가 음악을 연주하는 풍경을 곧잘 볼 수 있었다.

아이들은 굳은 얼굴로 고개를 끄덕였다. 그리고 서로 손을 꽉 잡고 할아버지를 따라 역으로 걸어갔다. 다리가 후들거리고, 손이 바르르 떨렸다.

역 주위를 순찰하던 러시아 군인들이 옆을 지나치며 할아버지와 아이들을 쳐다보았다.

준호는 고개를 살짝 숙이고 지나갔지만, 민호와 수진은 호기심에 군인들을 슬쩍 쳐다보았다. 군인들과 눈이 마주치자 민호는 가슴이 뜨끔해서 얼른 고개를 돌렸다. 하지만 수진은 태연하게 군인을 마주보며 생긋 웃었다. 그러고는 당돌하게 한마디 했다.

"곤니찌와(좋은 아침)!"

수진의 인사에 민호와 준호는 놀라서 온몸이 들썩했다.

'야, 너 미쳤어!'

민호가 눈을 부라렸지만, 수진은 본체만체 생글생글 웃으며 아무렇지 않게 군인들 옆을 지나갔다.

러시아 군인들도 빙긋 웃으며 알아들을 수 없는 말로 수진에게 인사를 건넸다.

할아버지는 간신히 군인들에게 웃어 보이고는 수진의 손을 잡아끌었다. 웃고 있긴 했지만, 속이 새까맣게 타들어 가는 눈치였다.

무사히 러시아 군인들을 지나치는가 싶었는데, 이번에는 민호가 러시아 군인들에게 인사를 했다. 수진의 돌발 행동이 무사히 넘어가자 자기도 해 보고 싶었던 것이다. 민호는 무슨 뜻인지도 모르고 엉터리로 일본말을 했다.

"곤찌와!"

러시아 군인들이 돌아보며 손을 흔들어 주었다.

민호도 신이 나서 손을 살랑살랑 흔들었다.

준호와 할아버지는 긴장한 나머지 등줄기에서 식은땀이 주르르 흘러내렸다. 되도록 사람들의 눈에 띄지 않아야 하는데, 수진과 민호가 난데없이 인사를 하는 바람에 쓸데없이 주의를 끌고 있었다. 다행히 무사히 넘어가긴 했지만, 괜한 행동으로 큰일을 당할 수도 있었다.

할아버지와 준호는 겉으로는 태연한 표정을 지으며 수진과 민호의 옆구리를 쿡 찔렀다.
'아야!'

민호가 얼굴을 찡그리자 준호가 눈치를 주었다.

할아버지도 눈을 부라리며 엄한 표정으로 수진과 민호에게 조심하라고 경고했다.

이내 할아버지와 아이들은 대합실로 들어섰다. 순간 대합실 안이 술렁거리며 "꽤애애애액!" 하고 귀청이 떨어져 나갈 듯한 굉음이 울렸다. 연달아 플랫폼 저쪽에서 칙칙폭폭 철커덩철커덩 하고 기차 달려오는 소리가 들렸다.

대합실에 있던 양복 차림의 러시아 신사와 귀부인들, 변발을 한 청나라 사람들과 기모노를 입은 일본 여인들이 술렁이기 시작했다. 역 건물 왼쪽 벽에 놓인 거대한 시계가 9시 5분 전을 가리키고 있었다.

할아버지는 누군가를 찾는 듯 대합실 안을 이리저리 두리번거렸다. 그러고는 술렁거리는 사람들 사이를 헤치고 앞으로 나아갔다.

'따라오너라.'

할아버지가 준호의 등을 툭툭 치며 손짓했다.

잠시 후 철커덩철커덩 하는 소리와 함께 끼이익 하는 쇳소리가 점점 가까워지더니, 증기 기관차*가 플랫폼으로 들어왔다. 기차는 시커먼 연통 위로 수증기를 칙칙 내뿜

으며 플랫폼에 서서히 멈추어 섰다.

정각 9시였다. 일본 국기인 일장기를 든 사람들이 대합실에서 플랫폼으로 나가기 시작했다. 잇달아 어디선가 나팔 소리와 북소리가 뒤섞인 환영 음악이 울려 퍼졌다. 곧 멈춰 선 기차 쪽으로 러시아 고위 관리와 군인들이 저벅저벅 다가가더니, 기차 안으로 성큼 올라탔다.

그동안에도 일장기를 든 사람들의 무리는 점점 늘어나서, 대합실에서 플랫폼으로 나가는 입구는 환영 인파와 군인들로 몹시 붐볐다. 할아버지와 아이들은 일장기를 들고 플랫폼으로 들어가는 어느 일본인 가족 옆에 서서 인파

* **증기 기관차**

증기의 힘으로 달리는 기관차. 석탄을 때서 물을 끓인 다음 거기서 나오는 증기의 힘으로 달렸다. 말이 끄는 마차가 유일한 운송 수단이던 시절에 증기 기관차의 등장은 획기적이었다. 증기 기관차는 말과 비교도 할 수 없을 만큼 힘이 세서, 말보다 훨씬 빠른 속도로 무거운 화물차와 객차를 한꺼번에 끌 수 있었다. 하지만 석유를 연료로 더 무거운 차량을 더 빨리 끌 수 있는 디젤 기관차가 등장하자 쇠퇴했다.

에 떠밀리며 서서히 기차 쪽으로 다가갔다.

　민호와 수진은 고개를 쭉 빼고 플랫폼에서 무슨 일이 일어나고 있는지 구경했다. 준호는 할아버지와 민호, 수진을 번갈아 살피며 일행이 흩어지지 않도록 촉각을 곤두세웠다. 이리저리 기웃거리는 민호와 수진을 끌고 인파를 헤치며 할아버지를 쫓아가자니 진이 다 빠질 지경이었다.

　이윽고 할아버지가 플랫폼의 일본인 환영 인파 사이에 자리를 잡고 섰다. 러시아 군인들이 줄지어 선 곳에서 조금 떨어진 곳이었다. 수많은 일본인들이 일장기를 흔들며 웅성거리고 있었다. 민호와 수진은 까치발을 들고 플랫폼 쪽을 기웃거렸다.

　빰빠빰!

　잠시 후 팡파르 소리가 요란하게 울려 퍼졌다. 플랫폼에 줄지어 선 러시아 군인들 뒤쪽에서 군악대가 환영 음악을 연주하기 시작한 것이다.

　얼마 지나지 않아 플랫폼에 서 있던 사람들이 갑자기

"와아!" 하고 함성을 지르며 일장기를 마구 흔들었다. 기차에서 누군가 중요한 사람이 내린 것 같았다.

사람들에 가려 앞이 잘 보이지 않자 민호가 무심코 앞으로 나가려고 했다. 준호는 간신히 민호를 붙잡고 사람들 틈으로 몸을 숨겼다.

곧 호루라기 소리에 환영 인파가 한쪽으로 쏠렸다. 그 사이로 기차에서 내린 사람들이 러시아 군인들이 정렬해 있는 곳으로 걸어가는 모습이 보였다. 군복을 입은 러시아 고위 관리들이 안내하는 가운데 중절모와 코트 차림의 사람들이 러시아 군인들이 정렬한 곳으로 천천히 걸어가고 있었다. 이내 그중 한 사람이 걸음을 멈추고 러시아 군인들을 향해 손을 들었다. 흰 턱수염을 기르고 몸집이 자그마한 노인이었다.

'혹시……?'

저 사람이 이토 히로부미냐고 눈짓으로 물으려고, 준호는 할아버지를 돌아보았다. 뜻밖에도 할아버지는 기차에서 내린 사람들을 보지 않고 딴 데를 보고 있었다.

'뭘 보고 계신 거지?'

준호는 고개를 빼고 할아버지가 보는 쪽을 쳐다보았다. 모자를 쓴 한 남자가 러시아 군인들 뒤에서 앞쪽으로 나아가는 모습이 보였다. 순간 준호의 눈이 번쩍 뜨였다. 아까 역 앞에서 자신들에게 어서 집으로 돌아가라고 타일렀던 바로 그 신사였다.

'안중근 의사다!'

준호는 자기도 모르게 민호의 손을 꽉 잡았다.

바로 그때 요란한 음악 소리와 시끌시끌한 사람들 소리 속에서 굉음이 울렸다.

탕! 탕! 탕! 탕!

네 발의 총성. 플랫폼 앞쪽으로 나간 안중근 의사가 러시아 군인들 앞을 지나던 그 노인을 쏜 것이다. 순식간에 벌어진 일이었다. 노인은 마치 땅으로 꺼지듯 힘없이 쓰러졌다.

잠시 세상이 멈춘 듯 정적이 흘렀다. 다음 순간 꺄악 하는 비명이 울려 퍼지더니, 플랫폼은 순식간에 아수라장으로 변했다. 곳곳에서 터져 나오는 비명 소리와 절규에 가까운 고함 소리, 호루라기 소리가 플랫폼을 뒤덮었다.

"으아악!"

"꺄악!"

할아버지와 아이들 근처에 있던 사람들이 일장기를 집어던지고 비명을 지르며 사방으로 흩어졌다. 아이를 안고 안전한 곳을 찾아 달려가는 사람, 머리를 감싸 쥐고 자리에 주저앉아 비명을 지르는 사람, 누군가에 부딪혀 넘어졌다가 허둥지둥 몸을 일으키는 사람들로 플랫폼은 순식간에 혼돈에 빠졌다.

줄지어 서 있던 러시아 군인들도 깜짝 놀라 뒤로 물러섰다. 그러자 민호와 준호, 수진의 앞이 훤히 뚫리며 총을 들고 꼿꼿이 서 있는 안중근 의사의 모습이 눈에 들어왔다. 안중근 의사 앞에는 방금 총을 맞은 노인, 이토 히로

부미가 피를 흘리며 쓰러져 있었다.

안중근 의사는 이토 히로부미와 함께 있던 일본 고위 관료들을 향해 다시 총을 겨누었다.

탕! 탕! 탕!

하얼빈 역에 또다시 총소리가 울려 퍼졌다. 잇달아 세 명의 일본 관료가 배를 움켜쥐고 바닥에 고꾸라졌다. 한 발에 한 명씩, 피를 흘리며 쓰러진 노인 옆에 차례대로 쓰러진 것이다.

하얼빈 역은 의미를 알 수 없는 고함 소리와 어지러운 발소리 속에서 아수라장이 되고 말았다.

역에 있던 사람들은 저마다 이리 뛰고 저리 뛰며 허둥지둥 달아났다. 하지만 할아버지는 얼어붙은 듯이 서서 꼼짝도 하지 않았다. 준호의 얼굴빛은 마치 죽은 사람처럼 창백해졌다. 몸이 사시나무처럼 떨리고 가슴이 쿵쾅거려 손끝 하나도 움직일 수가 없었다. 민호와 수진도 눈이 휘둥그레져서는 붙박인 듯 서 있었다.

마치 시간이 멈춰 버린 것 같았다. 순식간에 일어난 일이었는데, 아주 오랜 시간이 흐른 것처럼 아득하게 느껴졌다.

곧 투닥닥닥 하는 발소리가 나더니, 러시아 군인들이 몸을 날려 안중근 의사를 덮쳤다. 안중근 의사는 그대로 바닥에 나동그라졌다. 하지만 온힘을 다해 군인들을 뿌리치고, 손에 쥐고 있던 총을 허공에 내던진 뒤 팔을 번쩍 쳐들고 우렁차게 외쳤다.

"코레야 우라*!"

안중근 의사의 외침이 하얼빈 역에 천둥처럼 울려 퍼졌다.

"코레야 우라!"

소리는 기찻길 너머, 푸른 하늘 너머로 우렁우렁 퍼져 나갔다. 준호와 민호와 수진의 가슴속에서 뜨거운 것이 치밀었다. 금방이라도 눈물이 쏟아질 것만 같았다.

"코레야 우라!"

안중근 의사는 아수라장이 된 하얼빈 역의 플랫폼에서 연

---

* 코레야 우라

'대한국 만세'라는 뜻의 러시아 말로, 대한국은 대한 제국을 가리킨다. 당시 동북아시아의 요충지이던 하얼빈에는 중국, 일본, 조선, 러시아 사람들이 뒤섞여 살았으며, 중동 철도의 관리를 위해 러시아가 치안을 맡고 있었다. 안중근은 러시아 사람들에게 이토 히로부미를 저격한 이유를 알리기 위해, 일부러 러시아 말로 "코레야 우라!"라고 외쳤다. 그 뒤 러시아 신문들은 안중근의 의거를 중요하게 다루었다.

거푸 "코레야 우라!"를 외쳤다.

이내 러시아 군인들이 다시 안중근 의사를 덮쳤다. 군인들은 안중근 의사의 팔다리를 꺾고 마구 발길질을 해 대며 주먹세례를 퍼부었다. 그리고 안중근 의사의 두 팔과 다리를 잡아 누른 채 몸을 뒤졌다. 그러고는 한 떼의 군인들이 안중근 의사 주위를 에워싸고 총구를 겨누었다.

그사이 다른 한 무리의 군인들이 총을 맞고 쓰러진 이토 히로부미와 그 일행들을 옮겼다.

플랫폼 주변은 고함 소리와 비명 소리로 아수라장이 된 가운데 러시아 군인들이 안중근 의사를 밧줄로 묶어 에워싸고 철길 너머로 끌고 갔다. 그 뒤를 나머지 러시아 군인들과 관리들이 우르르 따라갔다. 주변에 있던 사람들이 뒤로 멀찍이 물러나며 길을 비켜 주었다. 안중근 의사는 러시아 군인들에게 마구잡이로 끌려가면서도 허리를 꼿꼿이 세운 채 한 치의 흐트러짐이 없었다.

끌려가는 안중근 의사의 뒷모습을 바라보던 할아버지의 눈

에서 눈물이 주르륵 흘렀다. 준호와 민호와 수진 역시 덜덜 떨면서 뜨거운 눈물을 흘렸다.

민호와 수진은 행여 말이 튀어나올까 봐 두 손으로 입을 꼭 막은 채, 분노와 두려움에 휩싸인 눈빛으로 안중근 의사를 바라보았다. 자신들에게 동전을 건네며 어서 집으로 돌아가라고 말하던 안중근 의사의 모습이 아득한 꿈처럼 느껴졌다. 얼마 전까지만 해도 얼굴을 마주하고 이야기를 나누었는데, 지금 안중근 의사는 조선 침략의 원흉인 이토 히로부미를 쏘고 러시아 군인들에게 끌려가고 있었다. 아이들은 이 모든 일이 도무지 현실로 느껴지지 않았다.

사람들이 하나둘씩 빠져나간 플랫폼은 어느덧 한산해져 있었다.

삐—삑!

어서 나가라고 호루라기를 불어 대는 러시아 군인들을 보고, 할아버지는 아이들의 어깨를 감싸고 대합실 쪽으로 이끌었다.

대합실은 플랫폼에서 빠져나온 사람들로 북적였다. 곳곳에서 러시아 군인들이 고함을 치고 호루라기를 불어 대는 가운데, 아이들은 할아버지를 따라 조용히 역을 빠져나갔다. 그러는 동안 할아버지는 한 마디도 하지 않았다. 아이들을 향해 어떤 눈짓도, 몸짓도 하지 않았다. 그 침묵에서 할아버지의 깊은 슬픔이 고스란히 전해져 왔다.

역 밖으로 나오자 하늘 위로 이름 모를 철새 떼가 날아갔다. 따뜻한 보금자리를 찾아 떼 지어 날아가는 철새들의 날갯짓이 하얼빈의 하늘을 수놓았다.

아이들은 할아버지가 역 앞에 미리 대기시켜 놓은 마차에 말없이 올라탔다. 마부가 고삐를 당기자 두 마리 말이 끄는 마차가 쇠바퀴 소리를 내며 역 앞의 큰길로 달려갔다.

늦가을의 차디찬 바람이 몸을 파고들었지만, 다들 추운 내색조차 하지 않았다. 아니, 모두가 추위를 잊은 듯했다. 할아버지와 아이들을 태운 마차는 역을 빠져나가려는 사람들과 우왕좌왕하는 군인들로 어수선한 역 주변을 벗어나 하얼빈

거리를 내달렸다.

  그렇게 얼마를 달렸을까. 마차 앞쪽으로 회백색의 큰 건물들이 늘어선 널찍한 거리가 나타났다. 군데군데 나무와 잔디밭이 있는 공원에서 러시아 군악대가 음악을 연주하고 있었다. 마치 무슨 일이 있었냐는 듯 무심한 음악 소리에 견디기 힘든 슬픔과 고통이 할아버지와 아이들의 가슴속으로 깊이 파고들었다.

  그 거리를 지나 좀 더 달리자 낡은 건물들이 모여 있는 거리가 나왔다. 할아버지는 거기에서 마차를 세운 뒤, 아이들을 데리고 어느 한적한 골목길로 들어갔다. 그러고는 골목 끄트머리 부근의 허름한 건물 앞에서 걸음을 멈추더니, 잠시 주위를 살폈다.

  이내 할아버지는 조심스레 문을 열고 안으로 들어갔다. 할아버지의 뒤를 따라 아이들도 컴컴한 복도를 지났다. 복도 끝의 작은 방으로 들어서자 창을 통해 밝은 빛이 들어왔다. 아이들은 눈이 부셔서 잠시 눈을 감았다.

'이곳은……?'

눈을 뜨자 창가에 놓여 있는 작은 책상과 그 옆에 서 있는 책장이 보였다. 준호는 이곳에서 할아버지가 역사 연구를 하고 있는 것은 아닐까 싶었다.

책장 옆의 오른쪽 벽에는 한지에 붓으로 써 내려간 글귀가 커다랗게 붙어 있었다. 할아버지는 슬픈 얼굴로 벽에 붙은 그 글귀를 말없이 바라보았다.

> 내가 죽은 뒤에 나의 뼈를 하얼빈 공원 곁에 묻어 두었다가 우리 국권이 회복되거든 고국에 묻어 다오. 나는 천국에 가서도 또한 마땅히 우리나라의 회복을 위해 힘쓸 것이다. 너희들은 돌아가서 동포들에게 각각 모두 나라의 책임을 지고 국민된 의무를 다하며 마음을 같이하고 힘을 합하여 공로를 세우고 업을 이루도록 일러다오. 대한 독립의 소리가 천국에 들려오면 나는 마땅히 춤추며 만세를 부를 것이다.

"안중근 의사가 뤼순 감옥*에서 남긴 마지막 유언이다."

할아버지가 침통한 목소리로 말했다.

준호는 바닥에 털썩 주저앉았다.

이제 안중근 의사는 어떻게 될까. 준호는 이미 그 답을 알고 있다. 안중근 의사는 조선 침략의 원흉 이토 히로부미를 사살한 죄로 차가운 감옥에 끌려가 끝내는 형장의 이슬로 사라질 것이다.

앞으로 안중근 의사가 겪게 될 일을 생각하니, 준호는 화가 나서 견딜 수가 없었다. 남의 나라를 강제로 빼앗은 일본이 어떻게 빼앗긴 나라를 되찾으려는 조선인에게 죄를 묻고 사형을 시킬 수 있단 말인가? 준호는 자기도 모르게 주먹을 움

* 뤼순 감옥
중국 랴오닝성 다롄시 뤼순에 있는 감옥. 청일 전쟁 이후 청나라로부터 이곳을 강제로 빼앗은 러시아가 저항하는 중국인들을 가두기 위해 만들었다. 이후 러일 전쟁에서 승리한 일본의 손에 넘어가 조선인, 중국인, 러시아인을 가두는 데 쓰였다. 일본에 맞서는 수많은 한국과 중국의 애국지사들이 이 감옥에 갇혀 고문을 당하거나 사형당했다.

켜쥐고 어헝헝 울음을 터뜨렸다.

할아버지의 눈에도 눈물이 넘쳐흘렀다.

"형, 울지 마!"

민호는 할아버지한테도 간절히 부탁했다.

"안중근 의사를 살려 주세요, 할아버지. 마법의 두루마리로 우리 옷도 바꾸어 주셨잖아요. 두루마리의 힘으로 안중근 의사를 구해 주세요!"

그러고는 끝내 울음을 터뜨렸다.

수진도 눈물을 훔치며 할아버지한테 매달렸다.

"할아버지는 역사학자니까 지금 안중근 의사가 어디 있는지 아시죠? 빨리 그곳으로 가서 마법의 힘으로 안중근 의사

---

* **한일 강제 병합**

1910년 일본이 우리나라의 통치권을 강제로 빼앗고 식민지로 삼은 일. 경술년에 일어난 나라의 수치라 하여 '경술국치'라고도 한다. 일본은 1905년 강제로 을사늑약을 맺은 이후, 대한 제국의 통치 체계를 무너뜨리고 군대를 해산시키는 등 대한 제국을 집어삼킬 준비를 했다. 그리고 1910년 8월, 끝내 매국노 이완용을 앞세워 대한 제국의 통치권을 일본에게 넘긴다는 한일 병합 조약을 체결하게 했다. 이로써 우리나라는 일본이 제2차 세계 대전에서 항복한 1945년 8월까지 일본의 지배를 받게 된다.

를 구해 주세요! 제발요, 할아버지!"

하지만 할아버지는 힘없이 고개를 저었다.

"나도 너희들처럼 가슴이 깨질 듯 아프다. 하지만 역사를 되돌릴 수는 없다. 안중근 의사의 죽음도, 다가올 한일 강제 병합*도……. 마법의 두루마리로든 무엇으로든 지나간 역사를 바꾸려 한다면, 무서운 일이 일어나게 될 게야."

할아버지의 목소리는 비장했다. 고통으로 일그러진 할아버지의 얼굴에는 말로 다할 수 없는 슬픔과 비통함이 깊게 드리워져 있었다.

7. 할아버지의 비밀

방 안은 온통 눈물바다였다. 준호와 민호와 수진은 소리내어 엉엉 울었다. 아이들은 안중근 의사의 희생이 너무나 가슴 아팠다. 남의 나라를 강제로 빼앗은 일본이 너무 괘씸했고, 일본에 나라를 빼앗긴 우리 민족의 처지가 너무나 슬퍼서 울음을 멈출 수가 없었다.

안중근 의사라고 왜 목숨을 잃는 것이 두렵지 않았을까. 안중근 의사에게도 가족이 있고, 살아서 조국 독립을 보고 싶은 마음도 있었을 것이다. 그럼에도 빼앗긴 나라를 되찾기 위해 자신을 던질 수밖에 없었던 그 마음이 울고 있는 아이들의 가슴속에 아프게 전해져 왔다. 이토 히로부미를 쏘고 나면 자신의 목숨이 위태로울 것을 알면서도, 안중근 의사는 조국을 위해 기꺼이 목숨을 바친 것이다.

할아버지는 아이들을 진정시키려는 듯, 조용히 아이들의 등을 쓸어 주고 눈물을 닦아 주었다. 머나먼 과거 속에서 오직 할아버지와 아이들만이 같은 슬픔을 나누고 있었다.

이윽고 할아버지가 벽에 걸린 괘종시계를 보더니, 꽉 잠긴 목소리로 말했다.

"모래시계 좀 꺼내 보아라."

민호가 모래시계를 꺼내자 창으로 들이치는 영롱한 햇살에 보랏빛 모래가 눈부시게 빛났다. 모래는 벌써 거의 다 떨어진 상태였다.

"돌아갈 시간이 얼마 안 남았구나."

아이들은 고개를 끄덕였다.

할아버지가 아이들의 젖은 눈을 바라보며 말했다.

"이제 헤어져야 할 시간이다. 너희도 알겠지만, 과거 여행은 위험한 일이야. 특히 너희 같은 어린아이들한테는. 지금까지 과거 여행을 몇 번이나 했지?"

준호가 머뭇거리며 대답했다.

"이번이…… 열 번째예요."

할아버지가 깜짝 놀라 되물었다.

"열 번이나?"

그러고는 혼잣말을 하듯 중얼거렸다.

"하긴 한번 마법의 두루마리를 펼쳐 과거를 다녀오고 나면 그만두기가 쉽지 않지. 하지만 너무 자주 과거 여행을 하면……."

할아버지는 이내 낯빛이 어두워졌다. 무슨 말인가를 더 하려던 할아버지는 잠시 생각에 잠기더니, 눈살을 찌푸리며 말했다.

"과거 여행을 너무 자주 하는 건 위험하단다. 하지만 여행을 그만두라는 이야기는 못하겠구나. 이미 이 여행의 맛을 알아 버렸으니, 그만두긴 힘들겠지. 대신 나하고 한 가지 약속하자."

"약속이요?"

수진이 묻자 할아버지가 말했다.

"그래. 과거 여행을 하되, 너무 자주 하지는 말아라. 한 번 다녀온 뒤에는 적어도 열흘 정도는 푹 쉬는 게 좋아."

민호와 수진은 언제 슬픔에 잠겼냐는 듯 "열흘이나요?" 하고 펄쩍 뛰었다.

"어휴, 어떻게 열흘이나 참아요?"

민호가 볼멘소리를 하자 할아버지가 말했다.

"다시 말하지만, 이 여행은 몹시 위험해. 마법을 써서 과거로 간다는 건 무슨 일을 겪게 될지 모른다는 뜻이야. 그러니 항상 조심해야 돼."

할아버지의 진지한 목소리에 민호와 수진은 그만 말문이 막혔다.

준호가 할아버지의 눈치를 보며 조심스레 물었다.

"저어, 할아버지는 같이 안 가시나요? 아예 과거에서 사시는 거예요? 할아버지도 저희랑 같이 돌아가시면 안 돼요?"

할아버지는 천천히 고개를 저었다.

"으음, 나는 여기서 좀 더 할 일이 있다. 그러니 너희끼리 돌아가거라."

"안 돼요!"

민호가 할아버지의 손을 덥석 잡았다.

"같이 가요, 할아버지. 우리 아빠가 얼마나 걱정하고 있는데요. 지금 우리랑 같이 가요, 네?"

수진도 간절한 눈빛으로 애원했다.

"할아버지는 두루마리도 없잖아요. 나중에는 집으로 돌아가고 싶어도 갈 수 없을 거예요. 지금 우리가 갈 때 할아버지도 같이 가요. 동네 사람들도 다 걱정하고 있단 말예요."

그 순간 민호의 손에 있던 모래시계가 꿈틀거렸다. 정말로 돌아갈 시간이 된 것이다.

"어!"

민호가 놀라서 모래시계를 움켜쥐자 할아버지가 말했다.

"이제 정말 가야 할 때가 된 거 같구나."

그러고는 준호에게 서둘러 말했다.

"두루마리에 숨어 있는 마법의 힘을 하나 알려 줄 테니, 잘 기억해 두어라. 아까처럼 과거에서 옷을 갈아입고 싶으면, 두루마리에 있는 '그 글자'에 팻말을 갖다 대거라. 그럼 아까처럼 옷이 바뀔 게다. 그 시대에 필요한 옷으로 말이야."

준호가 되물었다.

"두루마리의 '그 글자'에 팻말을 갖다 대라고요? 그 글자라면……?"

더는 시간이 없었다. 할아버지는 아이들에게서 멀찍이 떨어지더니, 품에서 뭔가를 꺼냈다. 놀랍게도 두루마리였다!

"어, 두루마리다!"

민호가 신기한 듯 중얼거리자 수진도 "진짜!" 하고 외쳤다.

할아버지는 아까 아이들의 옷을 바꿔 주었을 때처럼 두루마리를 공중으로 던졌다. 준호는 먼발치에서나마 두루마리에 어떤 지도가 그려져 있는지 보려고 눈을 부릅떴다. 지도를 보면 할아버지가 어디로 가는지 알 수 있으리라 생각한 것이

다. 그런데 이상하게도 할아버지의 두루마리에는 지도가 그려져 있지 않았다. 멀리서 봐서 자세히 보이지는 않았지만, 두루마리는 분명 백지였다.

준호가 한 번 더 소리쳤다.

"할아버지, 우리랑 같이 가요!"

이내 할아버지가 용머리 지팡이 끝으로 두루마리의 한 부분을 툭 건드렸다. 곧 짧고 강렬한 빛이 번쩍하더니 할아버지가 온데간데없이 사라졌다.

아이들은 할 말을 잃은 채 할아버지가 있던 자리만 뚫어지게 바라보았다. 너무 순식간에 벌어진 일이라 귀신에 홀린 기분이었다.

'여태 우리가 간 과거에서는 두루마리를 펼쳐도 아무 일도 일어나지 않았어. 그런데 어째서 할아버지의 두루마리는 과거에서도 마법을 부리는 거지?'

준호는 생각에 잠겼다.

할아버지의 두루마리는 아이들의 것과 다른 걸까? 그리고 용머리 지팡이는 대체 정체가 뭘까? 준호의 머릿속에 숱한 의문이 스쳤다.

그때 배낭에 있던 두루마리가 허공으로 획 떠올랐다. 그리고 눈이 멀 듯한 푸른빛이 번쩍이더니, 여느 때처럼 아이들은 과거에서 홀연히 사라졌다.

8. 마법은 무서운 것이다

준호는 지하실 특유의 냄새와 시원한 공기에 집으로 돌아왔음을 깨달았다. 짧은 시간 동안 너무 많은 일이 일어나 머리가 멍했다.

문득 몸이 가벼워진 것 같은 느낌이 들었다. 고개를 숙여 몸을 살펴보니, 어느새 옷이 바뀌어 있었다. 민호와 수진의 옷도 원래 옷으로 돌아와 있었다.

"옷이 바뀌었네."

준호가 말하자 수진이 흥분해서 소리쳤다.

"와, 진짜 마법이다! 분명히 그 지팡이가 마법을 부린 걸 거야!"

민호도 들뜬 목소리로 외쳤다.

"맞아, 그 지팡이 때문에 두루마리가 마법을 부리게 된 것 같아. 원래 과거에서는 두루마리를 펼쳐도 아무 일도 일어나지 않거든."

그러자 수진이 더욱 흥분했다.

"내가 뭐랬어? 어쩐지 그 지팡이가 수상하더라니까! 내 말이 맞았지?"

준호가 고개를 끄덕였다. 할아버지는 과거에서 두 차례 마법을 부렸다. 두 번 다 지팡이로 두루마리를 쳤을 때였다. 수진의 말처럼 용머리 지팡이에는 마법의 힘이 있는 것이 분명했다.

준호는 용머리 지팡이가 마법을 일으킨 순간들을 떠올리며 곰곰 생각에 잠겼다.

민호와 수진은 과거에서 입었던 옷이 사라진 것을 아쉬워했다.

"아, 아깝다. 그 기모노 예뻤는데. 어찜 그렇게 감쪽같이 옷이 바뀔 수 있지? 두루마리에서 연기가 나왔다가 사라지더니, 어느새 내가 기모노를 입고 있었잖아. 진짜 신기했어!"

수진이 그때의 흥분이 되살아난 듯 눈을 빛내며 말하자, 민호도 질세라 덧붙였다.

"맞아! 알라딘의 램프처럼 연기가 나타났다 사라지니까, 내가 멋진 양복을 입고 있었어. 꼭 부잣집 도련님처럼 말이야. 우하하하!"

"나, 되게 깜찍한 일본 여자애 같았지, 응?"

수진이 묻자 민호는 개구쟁이처럼 우헤헤헤 웃었다.

준호도 멋지게 옷을 갈아입은 자신의 모습을 떠올리며 빙긋 웃었다. 그때 문득 할아버지가 일러 준 마법이 떠올랐다.

"과거에서 옷을 갈아입으려면, 두루마리의 '그 글자'에 팻말을 갖다 대라. 그럼 아까처럼 옷이 바뀔 게다. 그 시대에 필요한 옷으로 말이야."

할아버지는 말했다.

아주 요긴한 마법이었다. 그 마법으로 옷을 바꾸면, 더는 과거에서 옷차림 때문에 의심을 사거나 옷을 구하려다 도둑으로 몰릴 일은 없을 것 같았다.

준호는 골방의 책상 서랍에서 수첩을 꺼내 할아버지가 일러 준 마법을 적어 두었다. 그리고 지하실 바닥에 떨어져 있는 두루마리를 주워 팻말을 만져 보았다. 팻말의 오돌토돌한 용머리 모양이 손끝에 느껴졌다.

어쩌면 이 용머리 모양이 두루마리의 마법과 관련이 있는 것인지도 모른다. 두루마리가 있는 골방의 용머리 손잡이, 두루마리의 용머리 팻말, 용머리 지팡이, 마법과 관련된 곳에는 어디나 용머리 모양이 있었다.

'이 팻말을 두루마리의 '그 글자'에 갖다 대란 말이지. 그 글자에……'

준호는 옷이 바뀌고 난 뒤에 두루마리에 뚫려 있던 구멍을 떠올렸다. 상형 문자 같다고 생각했는데, 역시 글자가 맞았다.

순간 준호는 나쁜 마법에라도 걸린 것처럼 가슴이 뛰고 속이 울렁거렸다. 하얼빈 역에 울려 퍼지던 팡파르 소리와 함성, 그 위로 솟아올랐던 날카로운 총소리, 사람들의 째질 듯한 비명과 플랫폼을 울리던 다급한 군홧발 소리, 호루라기 소리가 갑자기 환청처럼 들려왔다.

'코레야 우라!'

준호는 현기증을 느끼며 철길 너머로 끌려가던 안중근 의사의 뒷모습을 떠올렸다. 그러자 두통과 함께 커다란 바윗덩어리가 가슴을 짓누르는 것 같은 고통이 느껴졌다.

할아버지가 위험하다고 했던 것이 이런 것일까?

준호의 침묵이 전해진 건지 아니면 수진과 민호에게도 비슷한 증상이 찾아온 건지, 웃고 떠들던 수진과 민호의 수다 소리가 점차 잦아들었다. 골방은 순식간에 정적에 휩싸였.

세 아이는 동시에 할아버지가 한 말을 떠올렸다.

'마법의 힘을 쓴다는 건 무서운 일이다.'

갑자기 등골이 서늘해졌다. 마치 두루마리 속에 과거가 들어 있는 것 같고, 당장이라도 그 과거가 왈칵 튀어나와 자기들을 집어삼킬 것만 같았다. 그러자 지금까지 설레기만 하던 과거 여행이 문득 두렵게 느껴졌다. 두루마리도 섬뜩해 보이고, 두루마리로 과거 여행을 계속해도 되는지 겁이 났다. 준호는 과거에 다녀온다는 사실 자체가 무섭게 느껴졌다.

한동안 침묵이 흐른 뒤, 준호가 먼저 골방에서 일어났다.

"가자. 할아버지 말씀대로, 그동안 우리가 여행을 너무 많이 한 것 같아. 당분간…… 좀 쉬자."

"그렇지만 형!"

"오빠, 그래도!"

민호와 수진이 발끈했지만, 준호가 단호하게 고개를 젓자 더 이상 조르지 않았다. 민호와 수진도 준호와 비슷한 느낌을 받은 것 같았다.

준호가 말했다.

"일단 여기서 나가자. 그리고 한동안은 지하실에 내려오는 것도, 마법의 두루마리를 펼치는 것도 하지 말자."

민호는 부루퉁한 얼굴로 형을 보았다. 수진도 입을 삐죽이며 원망스레 준호를 쳐다보았다. 하지만 준호는 둘에게 눈길도 주지 않고, 암흑세계에서 탈출하듯 골방을 빠져나와 밖으로 나왔다. 후끈한 여름 공기와 뜨거운 햇볕이 와락 달려들었다.

"앗, 뜨거! 더워 죽겠네!"

민호가 투덜거렸다.

하지만 준호는 그 뜨거운 공기와 볕이 싫지 않았다. 한여름의 더위가 오히려 반갑고 마음이 놓였다.

다음 여행의 기대가 사라진 아이들은 어깨를 늘어뜨린 채 흩어졌다. 그리고 여름날의 덥고 지루한 저녁이 찾아왔다. 아이들은 두려움과 체념과 실망감에 젖어 저녁도 먹지 않은 채 그대로 쓰러져 잠이 들었다.

"세상에! 이 땀 좀 봐. 대체 온종일 뭘 했기에……."

환경단체 모임에 갔다가 저녁 무렵 집으로 돌아온 엄마는 잠든 준호의 땀을 닦아 주고는 선풍기를 틀어 주었다.

그로부터 사흘 동안, 준호는 끙끙 앓아누웠다. 온몸이 불덩이처럼 뜨겁고, 시시때때로 잠꼬대를 하거나 혼잣말을 중얼거렸다.

아무것도 모르는 엄마 아빠는 그저 준호가 책을 너무 열심히 봐서 그렇다고 생각했다.

"감기 몸살인가 보다. 여름 감기는 개도 안 걸린다는데, 그러게 책 좀 그만 보고 나가 놀라니까!"

밖에 나가 노는 데 도가 튼 민호 역시 준호를 간호한답시고 방 안에서만 뒹굴었다. 수진도 도통 바깥나들이를 하지 않고 집에서 얌전히 책만 읽었다.

여름 방학은 이제 끝을 향해 달려가고 있었고, 그렇게 마법의 두루마리는 아이들에게서 잊히는 듯했다.

준호의 역사 노트

 과거 여행을 다녀온 뒤, 역사 박사 준호는 도서관과 아빠의 서재를 들락거리며 안중근 의사 연구에 몰두했다. 준호는 무엇을 알아냈을까?

 일본은 어떻게 대한 제국을 식민지로 삼았을까?

20세기 초 영국, 프랑스, 네덜란드 등 제국주의 국가들은 부와 군사력을 앞세워 힘이 약한 나라를 식민지로 삼으려고 다투었다. 일찍이 서양 문물을 받아들이고 군사 강대국이 된 일본도 한반도를 발판 삼아 중국까지 세력을 넓히고 대일본 제국을 건설하려 했다.

이에 조선은 1897년 대한 제국의 수립을 선포하며 나라 안팎에 자주 독립국임을 밝혔다. 상공업을 발달시키고 인재를 길러내기 위해 학교를 세우는 등 개혁도 추진했다. 하지만 이미 1895년 조선의 지배권을 놓고 청나라와 다투어 승리한 일본은 미국, 영국 등 서양 강대국들과 비밀 조약을 맺어 조선을 식민지로 삼는 것을 승인받았다. 또 만주와 한반도에 대한 지배권을 놓고 러시아와 전쟁을 벌여 승리한 뒤 강제로 을사늑약을 체결했다.

을사늑약은 고종 황제가 끝까지 재가하지 않았기 때문에 조약으로서 효력이 없었다. 하지만 일본은 을사늑약을 앞세워 대한 제국의 외교권을 강탈하고 대한 제국을 사실상 식민지로 삼았다.

을사늑약을 둘러싼 국제 정세

19세기 말, 러시아는 시베리아 철도를 건설하면서 동아시아 진출에 힘썼다. 러시아는 한반도와 만주에 대한 영향력을 확대하려 했고, 청일 전쟁에서 승리하고 한반도와 만주를 발판 삼아 대륙으로 진출하려던 일본과 충돌했다. 1904년 2월 8일 일본 해군이 인천항과 뤼순항에서 러시아 함대를 기습 공격하면서 벌어진 러일 전쟁에서 일본이 승리하면서 동아시아에서 패권을 잡았다. 그 뒤 일본은 대한 제국을 식민지로 삼기 위해 미국과 가쓰라·태프트 협정, 영국과 제2차 영일 동맹을 맺었고 러시아와 포츠머스 조약을 체결해 국제 사회에서 대한 제국에 대한 지배권을 승인받았다.

1905. 7. 29. 가쓰라·태프트 협정
일본은 미국의 필리핀 지배를 인정하고 미국은 일본의 대한 제국 지배를 인정한다.

1905. 8. 12 제2차 영일동맹
일본은 영국의 인도 지배를 보장하고 영국은 일본의 대한 제국 지배를 인정한다.

1905. 9. 5 포츠머스 조약
러시아는 일본의 대한 제국 지배권을 인정하고 요동 반도와 남만주 철도(동청 철도의 장춘과 뤼순을 잇는 구간)의 지배권을 일본에 넘긴다.

1905. 11. 17 을사늑약

을사늑약 문서
① 문서의 첫 장인데 제목이 없다.
② 문서의 마지막 장에 고종 황제의 직인이 없다. 사진은 내무대신 박제순의 직인이다.

일본의 침략에 우리 민족은 어떻게 맞섰을까?

을사늑약 체결 반대 운동

을사늑약이 체결되자 유생들과 전직 관리들은 조약을 반대하는 글을 고종 황제에게 올렸다. 이 상소 투쟁이 큰 효과를 거두지 못하자 민영환, 조병세, 홍만식 등 전직 관리들이 백성들을 일깨우고자 스스로 목숨을 끊었다. 이에 전국 각지에서 을사늑약 무효와 을사오적 처단을 외치는 시위가 잇따라 일어났다.

의병 전쟁

을사늑약에 반발하여 전국에서 의병이 일어났다. 이들을 을사의병이라고 한다. 1907년 일제가 해산시킨 대한 제국의 일부 군인들이 의병에 참여하면서 의병 운동은 무기를 들고 일본군에 맞서 싸우는 의병 전쟁으로 확대되었다. 의병들은 전국 연합부대인 십삼도창의군을 꾸리고 서울로 진격해 일본을 몰아내려는 작전까지 세웠다. 하지만 신식 무기와 정보력을 쥔 일본은 수많은 의병을 체포하고 죽였다. 이후 의병들은 만주나 연해주로 이동하여 일제에 맞서 싸웠다.

1907년 양평 일대에서 활약한 의병들
이 사진을 찍은 영국 신문 〈데일리 메일〉의 기자 맥켄지는 군복과 무기도 변변히 갖추지 못한 청년들이 일본을 이길 수 없다는 것을 알면서도 독립을 위해 싸운다며 영롱한 눈빛과 자신만만한 미소를 보여 주었다고 회고했다.

헤이그 특사 파견

고종은 을사늑약의 부당성을 알리고 주권을 되찾기 위해 1907년 네덜란드 헤이그에서 열리는 만국 평화 회의에 이준, 이상설, 이위종을 특사로 파견했다. 그러나 이들은 일본의 방해로 본회의에 참석하지 못했다. 이에 특사 이준은 울분에 차서 헤이그에서 스스로 목숨을 끊었다. 일본은 이 일의 책임을 물어 고종을 강제로 물러나게 하고, 대한 제국의 군대까지 없애 버렸다.

헤이그 특사 이상설, 이준, 이위종(왼쪽부터)

애국 계몽 운동

나라를 되찾기 위해서 조선 백성을 깨우치고 실력을 기르고자 하는 애국 계몽 운동도 펼쳐졌다. 안창호 등이 중심이 되어 세워진 신민회는 서적, 잡지 등을 출판하고(언론), 수많은 학교를 세워 인재를 길렀으며(교육), 회사와 공장을 세워 산업을 일으키려고 했다(경제). 일본의 탄압이 심해지자 신민회 간부들은 만주로 건너가 독립군 기지를 세우고, 독립 전쟁을 준비해 나갔다.

신민회를 이끈 안창호
상해 임시 정부 내무총장 시절의 모습.

안중근 의사는 어떤 사람이었을까?

1905년 일본이 을사늑약을 맺고 우리의 외교권을 빼앗자 안중근은 재산을 털어 평안남도 진남포에 학교를 세워 인재를 키우는 데 힘썼다. 또 국민이 돈을 모아서 일본에 진 빚을 갚고 경제적으로 독립하자는 '국채 보상 운동'에도 적극 참여했다.

이후 일본이 헤이그 특사 파견을 빌미로 고종을 강제로 물러나게 하고 군대를 해산시키자, 안중근은 러시아 블라디보스토크로 가서 무장 항일 운동을 벌였다. 단지 동맹을 조직하여 조국 독립을 위해 목숨을 바칠 것을 맹세한 안중근은 1909년 10월 하얼빈 역에서 조선의 초대 통감이었던 이토 히로부미를 저격하며 세계에 우리 민족의 독립 의지를 알렸다.

학교를 세워 인재를 기르다

독립 운동가이자 교육자였던 안중근은 삼흥 학교를 세우고 돈의 학교를 인수하여 조국의 앞날을 이끌어 갈 인재를 길렀다. 안중근은 일본을 물리치기 위해서는 무엇보다 우리 민족의 실력을 길러야 한다고 믿었다.

의병 운동에 참여하다

1907년 안중근은 연해주로 건너가 의병 운동에 참가했다. 이듬해 대한의군참모중장 아령지구 사령관의 자격으로 100여 명의 부하들을 이끌고 두만강을 건너와 일본군과 전투를 벌였다. 안중근은 국제법에 따라 사로잡은 일본군 포로를 풀어 주었지만, 일본군 5천여 명의 기습 공격을 받아 패배했다.

단지 동맹을 결성하다

1909년 3월 안중근은 11명의 동지들과 조국의 독립을 위해 목숨 바쳐 싸울 것을 맹세하고 왼손 넷째손가락을 잘랐다. 이 모임을 '단지 동맹'이라고 하는데, '단지'란 '손가락을 자른다'는 뜻이다. 그 후 안중근은 붓글씨를 쓴 뒤 도장을 찍는 대신 왼손에 먹물을 묻혀 손도장을 찍었다. 손도장 옆에는 '대한국인 안중근'이라고 적어 독립을 향한 의지를 나타냈다.

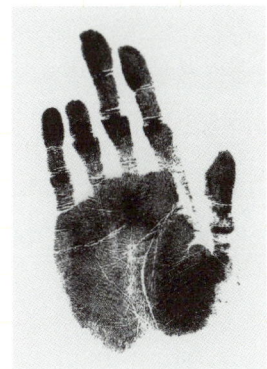

안중근 의사의 손도장

동양평화론을 주장하다

안중근은 온 세계 사람들이 형제이므로 평화롭게 살아야 한다고 생각했다. 그래서 서양의 침략을 받은 동양의 나라들이 '국가 연합'을 이루어 함께 평화 유지에 힘써야 한다고 보았다. 하지만 일본이 조선을 침략하고 온갖 만행을 저지르자, 안중근은 무력 투쟁을 통해서라도 이를 막으려 했다. 겉으로는 동양 평화를 외치면서 실제로는 동양을 지배하려는 일본을 막아 참된 동양 평화를 이루고자 한 것이다. 안중근이 감옥에서 쓴 《동양평화론》에는 이런 생각이 잘 정리되어 있다.

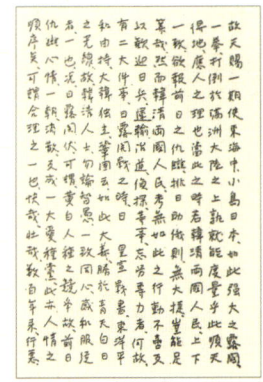 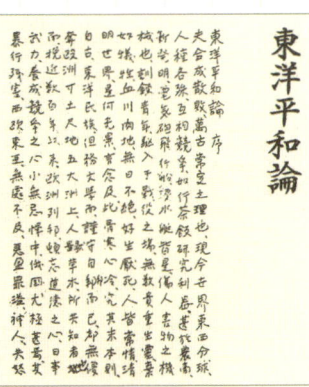

안중근이 감옥에서 쓴 《동양평화론》

안중근 의사는 왜 이토 히로부미를 쏘았을까?

　동지들과 손가락을 자르고 조국 독립에 목숨을 바치기로 맹세한 안중근은 1909년 10월 26일 하얼빈 역에서 이토 히로부미를 저격했다. 안중근은 이토 히로부미를 맞이하는 러시아 군인들 뒤에 서 있다가, 이토가 기차에서 내리자 총을 네 발 쏘았다. 이어 세 발을 더 쏘아 하얼빈 일본 총영사와 비서관, 남만주철도 이사에게 중상을 입힌 안중근은 "코레야 우라(대한국 만세)!"를 세 번 외친 뒤 러시아군에 체포되었다.

　안중근은 조선 침략에 앞장선 이토 히로부미를 사살함으로써 일제의 만행과 조선의 독립 의지를 세계에 널리 알리려 했다. 나아가 동양의 평화를 위협하는 일제의 야욕을 꺾고 동양 청년들의 정신을 일깨우고자 했다.

안중근이 하얼빈 의거를 결심하고 찍은 마지막 사진(왼쪽)
하얼빈 역에 도착한 이토 히로부미 일행(오른쪽)
기차에서 내린 이토 히로부미가 러시아 고위 관료와 인사를 나누고 있다. 하얼빈은 동청 철도의 요충지로 대륙과 해양으로 모두 이어져 있어 일제가 동북아시아를 장악하기 위해 꼭 필요한 곳이었다. 일제는 1932년 만주국을 세우면서 하얼빈을 점령했다.

이토 히로부미를 저격한 직후의 안중근

〈도쿄마이니치〉 신문에 실렸던 그림. 안중근이 이토 히로부미를 저격하는 순간이 아닌, 러시아군에 체포되는 모습을 실었다. 당시 일본인 수행원들과 마중 나온 러시아 고위 관리들, 그리고 수많은 러시아 군인들이 있었지만, 안중근의 의거를 막지 못했다.

영국 신문 〈그래픽〉에 실린 안중근 공판 참관기

안중근의 의거로 세계 여러 나라에 우리 민족의 독립 의지가 널리 알려졌다. 영국 신문 〈그래픽〉은 안중근의 공판을 상세히 보도하며 일본의 조선 침략 사실을 알렸다. 신문 왼쪽 위의 큰 사진이 안중근이고, 나머지 세 사람은 의거를 함께한 독립운동가들이다.

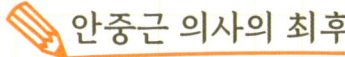
안중근 의사의 최후

하얼빈 역에서 이토 히로부미를 저격한 안중근은 그 자리에서 러시아군에 체포되었다. 하지만 일본의 눈치를 보던 러시아는 안중근을 일본군에게 넘겼고, 결국 안중근은 일제가 관리하는 뤼순 지역으로 이송되어 뤼순 감옥에 갇혔다.

1910년 2월 7일부터 2월 14일까지 일본의 재판정에 선 안중근은 "나는 대한국 의병군 참모중장 자격으로 전쟁 중에 조국의 독립과 동양 평화를 위해 이토 히로부미를 저격했다."고 당당히 밝혔다. 일본에 침략당한 조선은 오래 전부터 의병 활동을 통해 일본과 전쟁 중이었으므로, 전투의 일환으로 이토 히로부미를 저격했다는 뜻이다. 국제법에 따르면, 조선은 일본의 침략에 맞서 전쟁 중이었으므로 안중근 의사의 이토 사살은 적군을 쏜 것으로 정당행위로 볼 수 있다. 그러나 일본은 국제법을 따르지 않고 안중근에게 사형을 선고했다. 안중근은 1910년 3월 26일 뤼순 감옥에서 순국했다.

신부님과 형제들을 만나 유언을 남기는 안중근

사형을 선고받은 안중근에게 어머니가 전한 말

어머니 조마리아는 독립운동가인 안병찬을 변호사로 보내 "네가 나라를 위하다 이 지경에 이르렀으니, 죽더라도 영광이다. 어미자식 간에 이 세상에서는 다시 만나지 못하게 되었으나, 그것이 운명이라면 어찌하겠느냐."라는 말을 전했다. 조마리아는 안중근 밑으로 세 자녀를 더 두었는데 모두 독립운동에 투신했다. 안중근이 순국한 뒤 조마리아도 중국으로 건너가 독립운동을 했다.

안중근의 어머니 조마리아

안중근의 유언

안중근은 사형을 앞두고 자신의 뼈를 고국에 묻어 달라고 하면서, 죽어서도 조국의 독립을 위해 힘쓸 것이라는 유언을 남겼다. 당시 국제법뿐 아니라 일본 법에도 사형된 사람의 가족이 요청하면 시신을 넘겨주게 되어 있었으므로, 안중근이 순국한 날 두 동생이 시신을 찾으러 갔다. 그러나 일제는 안중근의 시신을 넘겨주지 않았고, 기록도 남기지 않고 어딘가에 묻어 버렸다. 그 때문에 아직까지 안중근의 유해를 찾지 못했다.

순국 직전의 안중근

사진 자료제공

73p **증기 기관차** 드루 잭시치(CC BY-SA 2.0)
90p **뤼순 감옥** 우베 아라나스
119p **을사늑약 문서** 서울대학교 규장각한국학연구원
121p **안창호** 도산안창호기념관
123p **안중근 손도장** 안중근의사기념관
123p **《동양평화론》** 안중근의사기념관
124p **안중근이 하얼빈 의거를 결심하고 찍은 사진** 안중근의사기념관
125p **영국 신문 〈그래픽〉에 실린 안중근 공판 참관기** 안중근의사기념관
126p **신부님과 형제들을 만나 유언을 남기는 안중근** 안중근의사기념관
127p **안중근의 어머니 조마리아** 안중근의사기념관
127p **순국 직전의 안중근** 안중근 의사 기념관

※ 89p **안중근 의사의 마지막 유언**은 안중근의사기념관과 한국저작권위원회가 안중근 의사의 자필 저서 〈장부가〉를 바탕으로 개발한 **안중근체**로 쓴 것입니다.

마법의 두루마리 10
하얼빈 역에 울려 퍼진 총성

ⓒ 강무홍, 김종범, 2024

1판 1쇄 펴낸날 2024년 8월 15일
글 강무홍 **그림** 김종범 **감수** 이신철
편집 우순교 **디자인** 박정아
펴낸이 강무홍 **펴낸곳** 햇살과나무꾼
등록 2009년 07월 08일(제313-2004-54)
주소 서울시 영등포구 당산로54길 11 상가 305호
전화 02-324-9704
전자우편 namukun@namukun.com
ISBN 979-11-987725-3-4

* 신저작권법에 따라 한국 내에서 보호를 받는 저작물이므로 무단 전재와 무단 복제를 금합니다.